民国佛学讲记系列

阿弥陀经
白话解释

印光法师／鉴定

黄智海／演述

上海古籍出版社

图书在版编目(CIP)数据

阿弥陀经白话解释/印光法师鉴定；黄智海演述. —上海：上海古籍出版社，2014.1（2023.9重印）
（民国佛学讲记系列）
ISBN 978-7-5325-6812-3

Ⅰ.①阿…　Ⅱ.①印…　②黄…　Ⅲ.①净土宗—佛经　②《阿弥陀经》—译文　Ⅳ.①B946.8

中国版本图书馆CIP数据核字 (2013) 第 082110 号

民国佛学讲记系列

阿弥陀经白话解释

印光法师　鉴定

黄智海　演述

上 海 古 籍 出 版 社 出版、发行
（上海市闵行区号景路159弄1—5号A座5F　邮政编码201101）
(1) 网址：www.guji.com.cn
(2) E-mail：gujil@guji.com.cn
(3) 易文网网址：www.ewen.co
上海展强印刷有限公司印刷
开本 787×1092　1/32　印张 7.25　插页 5　字数 110,000
2014 年 1 月第 1 版　2023 年 9 月第 8 次印刷
印数：18,601 - 20,700
ISBN 978-7-5325-6812-3

B·813　定价：39.00 元

如发生质量问题，请与承印公司联系
电话：021-66366565

非"依他起"的民国佛教
（代出版前言）

　　民国佛学，无论是放在两千多年的中国佛教史中考察，还是置于近现代中国思想文化系统内比照，都是那样地特色鲜明而不容忽视。然而，我们对还不及百年的民国佛教，真的有清晰的认识了吗？在出版界、文化界所呈现的一片"民国热"中，民国佛教是否真正得到了应有的重视？答案则是不尽人意的。这两方面的不相应，触发了我们以民国佛教界的佛教著作作为主体，选编一套丛书的想法。

　　应当说，民国佛教所具有的丰沛意涵，它在当时文化生态中所表现出来的那种特有姿态，以及对今人所能带来的诸多启迪，绝对不局限于佛教界。然而，在佛教的价值被严重低估的今天，今人对佛教，尤其对是民国佛教的了解与认识，多囿于非个中人套用西学模式的阐释。因此,选编以民国教界为主的佛学著作(以教界的立场,佛学即是佛教),就是希望另开一扇窗,让读者能够看到反映那个时代佛教原生态的文本,从而能更全面地在当时的历史文化大背景中去回顾与考量民国佛教的历史,体味它的精神价值与特色所在。

结合历史文化的背景论衡民国佛学的价值与特色,契入的角度应该很多,可以是历史的,也可以是社会的;可以是思想的,也可以是学术的。但无论哪个角度或者是综合的考察,都可以明显地感受到,那是一个正处在剧烈变化动荡中的时代,用时兴的语言来说,就是正处在一个前所未有的转型期中。

时人身处于这种处处求"变",处处在"转"的大环境中,虽有自觉或不自觉,主动或随流之分,但大都明显地交织着中与西、传统与现代之间的纠结与困惑,还多少带有一种"随风飘零"、"无可奈何"的况味在。这种状态,即使不能完全说是"做不得主",但自信度不足则或多或少应该是有的。而思想文化界在那种被动语态下所生发的思考及对应性研究,也往往都是外缘性的,也多少让人觉得有"气短"之感。

所谓外缘性,其具体的表现往往有以下这些方面:在讨论问题、寻求原因时,其基本的问题意识总体上偏重于时代性、文化性,而缺乏超越性与本质意义上的思考,即因过于注重功利实效而遮蔽了理念理想这些根本性的问题;夸大工具理性的作用,而对价值理性常有忽视;太在意于向西学靠,习惯于套用人家的话语来说自家的问题;因刻意追求所谓的学术规范,致使本质性的问题反被忽略;过于强调以某一类单一的学术规范(也是西化的)为标准,来替代学术表达的多样性;重学术而轻思想,强调技术性专业性而掩盖思想的欠缺与贫乏,如此等等。虽然,这些表现在民国时代,较之现今还不算十分突出,但性质相近。就此而言,可以借用挑战—回应模式来概括晚清民国时期思想文化界的特点。又因为,那些外缘性的研究虽然类型各有不同,有中西论衡式的,也有取现代与传统相对峙的框架做比对考量的,更有将两者同构叠加的,然而在本质上,都可以归结为是在某种压力下的被动式,所以,又可借用佛教唯识学"依他起"的概念为其定性。在此,我们无意讨论这种为迎合而有的调适或策略究竟会带来怎样的结果。指出上述文化现象,是企望先为读者提供民国佛教(学)所处时代的历史文化背景,从而可以在比较之中更深切地了解佛教界在那个时代其弘教风格的特色所在。

至于这种外缘性的研究表现在佛学上的特点，往往是依西学的分科法，将佛教视为一外在的、客观的对象，予以被尊之为纯学术的研究。较有代表性的如汤用彤先生、吕澂先生等（他们的前辈欧阳竟无居士类型较复杂）。虽然这些前辈与二十世纪后叶大陆佛教学者有所不同，他们对佛教的内在价值并非视而不见，也不排斥，但总体上还是将佛教信仰一路置于视线之外的。与前一类不同，另一类则保持传统佛学之一贯，谨守佛教立场，依佛法的内在理路，结合着人生及时代问题来阐说佛法佛理，始终以信仰与解脱为中心与重心，以佛教固有的话语来阐扬佛教的精神与价值。这个特色，就是非外缘性的、即非"依他起"的弘教风格。与前者其影响多在部分之学术界有异，后者则在更广泛的社会层面上发生作用。应该说，两者各有形态，各有特色，也各有范域，共同构成了民国佛教的整体。但真正能体现佛教之内在精神，则还是应以后者为代表。

当然，以上的划分只是一个大概，或者说是一种方便说法。就当时而言，两者的影响或作用也常常会交替地发生。且学术研究并非与信仰对立，顾此也并非必然失彼，两者兼顾而一样地能有卓越成就如印顺导师者，即是二十世纪佛教研究的典范。再如江味农居士的《金刚经讲义》，既保持了传统讲经的特色，在教言教，凸显佛教第一义，又注重对现代学术成果的汲取及现代学术方法的活用，同样是两不相碍的。可惜的是，这种学风，传承者鲜，以致当今学界与出版界，对民国学术界的佛学研究虽不乏重视，而对教界的成果却几无关注、甚至缺乏基本的了解；尤其是对那些纯以弘法为务的讲经说法类著作，似乎根本不在其视域之内。然而，我们恰恰认为那类弘法性著作，以其非"依他起"的性质，才能彰显佛教的精神，也最能代表民国佛教的特色，舍此必不能全面地认识当时的佛教何以能立足于当代，也不能真正看清民国佛教的价值所在。

还需指出的是，将民国佛教定性为非外缘性，并不等于说民国佛教的姿态都是"独来独往"，与世隔绝地"自说自话"；也并非无视资取西方现代学术方法和理论从事佛学研究所获得的成果。在世间范围内，任何存在的价值都是相对的，究竟以何种方法来阐发佛学更为有效，非三言两语就能说清，因此，对民国期间所存在的两种研究倾向之高下暂不予评说。在此仅想说明，在思想文化界主流的话语都是外缘性，亦即"依他起"的大背景下，佛教界却始终以自己的方式说着自己要说的话，而这种看似"异样"其实正常的叙事方式，很显然地透现，在那个"大转型"的时代，另有一种"不转"的可能性与存在维度；后者在展现其独特的价值及风采之同时，更为我们提供了在世界格局下不同文化之间交流的经验。

以下，试就本丛书第一辑所选的读本作具体的申论。

先说作者。首辑四种，除上文已提到的江味农居士的《金刚经讲义》外，还有谛闲法师的《圆觉经讲义附亲闻记》、太虚法师的《药师经讲记》和黄智海居士的《阿弥陀经白话解释》。所选作者，都有一定代表性。如谛闲法师既为晚清民国佛学泰斗，又被视为"旧派"佛教的代表人物，在当时即倍受教、学两界推崇；而相对"旧派佛教"，太虚法师则为民国"新派佛教"的领袖人物，且在国际上也有相当的影响，是研究现代中国佛教绕不过的人物。另两位江味农居士和黄智海居士，则是民国佛教居士界的重要人物；而居士佛教的勃兴，实乃民国佛教之一大特色。取两僧两俗为代表，不乏典型意义。

再说文本。如《圆觉经》为大乘佛教的重要经典，自唐佛陀多罗译出后，历代各宗各派多有疏解讲习。此经因主张一切众生皆有"如来圆觉妙心"（《普贤章》），被后世判教者划为华严部。谛闲法师以一天台大家（四十三代传人）详解是经，且不说内中称性发挥，俯拾可见的精彩思想，仅其依循台宗家法、严守法度的讲经风格，读者便能一见佛学研究的原生态。谛闲法师一生讲经无数，风格始终一贯，据当时教界媒体记载，法师每讲经，听众往往以千记，时有轰动，效果之佳，或能令当今在"大讲堂"上走红者歆羡。

如果说谛闲法师是一位倾向于传统型的高僧，他习惯于旧有的讲经论学的方法，乃情理中事，那么，思想和眼界都很"新潮"的太虚法师，一贯强调要以人间佛教的理念弘法传教，著作中也每多谈论西学，但在讲经时却全取传统的科判方式，条分缕析，一板一眼，而全无"新潮"之态，那就很值得玩味了。这是否意味着，在虚大师的眼里，那种"新潮"的表述方式，于弘法说教、续佛慧命之实践并非对机、适宜，或至少是效果欠佳，难尽人意呢？其实，虚大师在《评（梁启超）大乘起信论考证》一文中就有过这样明确的说法："吾以哀日本人西洋人治佛学者，丧本逐末，愈趋愈远，愈走愈歧，愈钻愈晦。"虚大师实际上指出了，适应时代的内涵阐发与坚守传统的讲学理路，不仅可能兼容不悖，而且可以相得益彰。新有新的意义，但坚持（或保守）更有坚持（或保守）的价值。如本丛书选其《药师经讲记》，从目录上看：甲乙丙丁、悬论、叙请（序）分、正说（宗）分、流通分……层次历然，格式完全是旧式的，毫无"现代感"可言。而在内在的理路上，则始终以佛教信解行证、教理行果来组织问题并展开说明，同样显得很不"现代"。

然而不得不要说的是，虚大师此书所透出的理念，又是很现代的。在佛教契理契机的原则指导下，大师始终认为，现代社会对佛教的开展首先应着重于现实人生问题的关注，即生死解脱的实践首先得从"生"的对治开始。而一切"生"的问题，都是现实问题。所以，佛教的弘法手段及其自身的生存发展，不仅应有与现代社会相契合的特点，而且尤需注意佛教与"现代人类生活相资相养之关系（参见《药师经讲记》"悬论"一"缘起"）。虚大师这种对于佛教践行的开放性、现代性与对于佛学研究的保守性，看似矛盾，其实透现出大师级教内佛学家优游于现代又不为现代压力所动的那份从容与自信。而这种自信与从容，并不仅仅体现于一二高僧身上。如江味农居士在《金刚经讲义》中这样说："今日欲救人心，挽回世运，惟有弘扬佛法，以其正是对症良方故也。"（页349）且"正以对病之故，恰与人情相反"（同上），所论明确宣示了不迎合，不媚俗之佛教精神。也因此，秉承佛教传统，用佛教自己的话，说佛教该说的事，所谓"在教言教"，在当时的佛教界，也实在是最自然不过的事。于是便有了那份淡定从容、自重自信。这一点，在黄智海居士的《阿弥陀经白话解释》中也有同样的体现。

《阿弥陀经》，是中国佛教净土宗的一部重要经典，在大众社会影响很大。此经为引导、提振信众的信心，对西方佛国殊胜的描述具体详尽。如对于没有佛教信仰，或未能全面了解佛教的读者来说，佛国的奇特完全超出常识，会感到不可思议，甚至难以信受。"白话解"的受众当然大都并非深于佛学者，然而作者并没有回避那些与世俗常识不一致的内容，因为他深知《阿弥陀经》中的佛国胜景所示的是先觉者功德圆满的果报，亦即佛教实践逻辑的应然与必然，它启迪着人们因信仰而敞开其实践生命，并使之有无限拓展的可能性。而就信仰者言，西方佛国的殊胜也正是其美好的愿景。也因此作者不刻意去考虑修辞策略，依然严格按佛教的知识体系来解释其中的名相，不讨巧，不迎合，纯粹而又坚定；唯一的随缘变通，就是用白话形式作为方便，而方便的目的，也正是为了使受众便于接受经典的精义。

站在佛教角度看，这本得到近代高僧印光大师肯定并推荐的著作,其表达方式的纯佛教化,内容的合法(佛)理化,在在彰显了佛教自我存在的理由与价值指向,这对于一位弘法者而言,本来平常,但放在近代以来科学主义当令的大背景下看,如果没有信仰的坚定与知见的精到,那实在是很难做到的。有幸的是,这本"白话解",与江味农居士的《金刚经讲义》,在当时即被视为民国居士讲(解)经著作的双璧,并一版再版,其受欢迎的程度,已足以说明问题。而如果我们超越信与不信那种简单的价值分判,扩大到更广泛的文化层面,从诸如宗教现象学、宗教社会学、知识社会学等角度去理解把握佛教信仰系统及其知识谱系的特点,那么,像"白话解"这类著作,对于以宗教为核心的多学科研究,无疑也是一类相当有价值的文本。这也就是说,民国佛教界这类讲经弘法著作,它所提供给我们的信息是多重的,即从这个层面上讲,也足以作为一种经典传世。

从以上对文本的述介中,读者或已能看出,民国佛学非依他起的特质,其表征,首先体现在表述形式,即语言的表达上。

我们知道,语言是思想的载体,语言表达思维;但同时,语言也影响思维,甚至能决定思维的方式。而思维方式的改变,会对一个人,乃至整个社会的发展方向发生影响,虽然这个过程可能是缓慢的。换言之，人既是通过语言来理解、认识世界，又是藉着语言来解释、建构世界，并在语言建构的世界中安顿。因此，海德格尔说"语言是存在之家"（《关于人道主义的书信》），伽达默尔更是把人定义为具有语言的存在；顺着这一理路，西方现代语言学明确将语言定性为具有"思想本体性"。这些提法都相当深刻，对于我们理解民国佛教非依他起阐述的必要性与合理性也很有启发。

虽然，在究竟的层面上，佛教认为，语言的基本属性是"假名"，是一种"性空"之有，并不具有本体的性质。但佛教因世间而有，在世间层面上，佛教主要还是依靠文字语言的方便来建立并开展整个教法。这是因为，全部佛陀的经教，最终都是由文字语言才得以保存。其次，以手指月，后来的学佛者，因有佛法教理的指示、引领，才能有效地去探究、体认佛法的理体。复次，佛教在世间的开展，文字语言也是历代高僧大德弘教传道的主要工具。总而言之，千百年来，佛教正是在这样的因应发展过程中，形成了一套稳定的话语体系。而佛教正是有了这套稳定且又体系宏大的的言语系统，使其成为一个世界大教，使其能有效地摄受众生。

应该说，每一种文化，都有自身的言语系统，从而使其在与其他文化部类相处中，具有独立的地位与存在价值。同理，佛教如果丢失了自己的一套话语系统，不要说佛教在世间的开展无法进行，甚至不能成其为佛教了。此所以，如历史上像道安大师对格义佛教的批评，鸠摩罗什大师、玄奘大师等高僧对寻求最佳佛经翻译语言的实践探索，如此等等，无一不是为建立佛教自己的言语体系所进行的努力。而出现在民国高僧大德身上那种非依他起的弘教风格，同样具有这样的意义与性质。需要指出的是，这种非依他起的弘教实践，也确实是成功的。试看新文化运动以来，作为中国传统文化重要组成部分的佛教，相比其他传统文化，其稳定性明显高了许多，其很大一部分原因就是传统佛教的那一套话语体系基本上还得以保持着一种稳定态势，即始终以"内在性"的话语谈论佛教有关明心见性、生死解脱的核心问题。这一点，只要稍稍考察一下台湾佛教的情况，就能得到说明。因此，如何维护或建立一套能真正体现自身价值系统的话语体系，如何保持语言的净化与纯化，应是关乎佛教乃至其他文化生存与发展的重大问题，颇值得我们去探索、深思。

罗　颢

目录

序一

　　净土法门，实为十方三世一切诸佛，上成佛道，下化众生之通规；亦为末法时代一切众生，仗佛慈力，即生了脱之要道。良以如来所说一切法门，无非令众生出生死，成佛道耳。但以上根者少，中下者多，故能于即生了脱者，虽在正、像，尚不多见，况末法人根陋劣，寿命短促，知识希少，邪、外纵横之时乎？由是如来预鉴机宜，特开净土一门，俾一切若圣若凡，上中下根，同事修持，同于现生往生净土。上根则速成佛道，下根则亦预圣流。较彼一代所说仗自力法门，下手易而成功高，用力少而得效速。以佛力法力，不可思议，加以众生信愿行力，则无论功夫浅深，罪业轻重，皆得蒙佛慈力，接引往生也。以故如来于诸大乘经，咸皆带说，如《华严》、《法华》、《楞严》等。其专说者,则有《阿弥陀经》、《无量寿经》、《观无量寿佛经》。此三经中,凡弥陀之誓愿,净土之庄严,三辈九品之生因,十方诸佛之赞叹,悉皆显示无遗。而《阿弥陀经》,言简义周,最易受持,由是古人列为日课,无论若宗若教若律,皆于暮时读诵。是举天下之若僧若俗,无不以净土为归者。然虽如是行持,若不谛审佛祖立法之所以然者,犹然不以求生西方为事。殆所谓日用不知,习矣不察者乎?即通宗通教之高人,尚多崇尚自力法门,不肯仰仗佛力。其志固高,其事实难即生做到。倘惑业未能净尽,再一受生,多半迷失。不但所期皆成画饼,且有因福造业,后生堕落之虞。由是言之,诚堪畏惧。须知净土法门,为一代时教中之特别法门,不可以与通途法门并论。若不明此义,以仗自力通途法门之义,疑仗佛力特别法门之益,而不肯信受,则其失大矣!佛说难信,盖即指此。若无此执,则谁不信受奉行焉。近来世道人心,陷溺已极,无可救药。凡有具正知见之伟人杰士,莫不以提倡因果报应,生死轮回,为挽回狂澜之据,精修净业求生西方,为究竟安隐之法。一倡百和,无不率从。由是吃素念佛,改恶修善者,日见其多。所可惜者,普通善信,未尝学问,虽日读《弥陀经》,究不知所说者为何义。纵有《疏钞》、《要解》

等注,亦非彼所能阅。黄智海居士,利人心切,取《疏钞》、《要解》之义,以白话解释之,俾彼稍识字者,亦得了知经义,由是更加精进,竭诚修持,并以转化有缘。则现生身心清净,优入圣贤之域;临终感应道交,直登极乐之邦。其为利益,莫能名焉。爰书大义,以贡阅者。

民国十六年丁卯夏历正月常惭愧僧释印光谨撰

序二

佛以无上妙慧，观一切众生，知其根性大小不同，而以方便智说方便法。为阐提人，说十善；为小乘人，说四谛；为中乘人，说十二因缘；为大乘人，说六波罗蜜。皆对病根，投以良药。此盖方便教中不易之典也。复以彻底大悲，鉴六道群机，识其道缘浅深匪一，以殊胜异方便智，说殊胜异方便法。为上根人，说观想念佛法，即《观无量寿佛经》前十二观皆是也；为中根人，说观像念佛法，第十三观是也；为下根人，说称名念佛法；为最下根、业重障深人，说临终十称念佛、即得往生法，第十六观是也。可见佛无弃人，唯人自弃耳。独有佛说《阿弥陀经》之信愿持名念佛，尤为方便之方便，殊胜之殊胜。须知持名有两种持法。一者事持。但将阿弥陀佛四字，蓦直持去,持至一心不乱,临终决定往生。即不可以中下根论。二者理持。正持名时,能知离心无佛,离佛无心也。心佛不二,即是实相念佛。若加信愿,临终上品上生。非最上利根者不能。故知持名念佛,普被三根,无机不摄;至圆顿,最直捷;七日成功,片言即证;横超三界,竖彻五时,诚为希有难信之法门。故感六方诸佛,异口同音,称扬劝信;释迦如来,四辩八音所亲宣也。经中初则详陈依正庄严以启信,中则特劝应求往生以发愿,后则正示执持名号以立行。一经旨宗,唯信愿行;义无馀蕴,文相昭然。呜呼,时至末法,钝根者多;五浊繁兴,三灾频仍。而此经者,持诵固多,研详实寡。虽有云栖《疏钞》,灵峰《要解》,类皆文言法语,自非初机浅识人能得实益。海上黄子涵之,有鉴于斯,先以浅近苦切之词,编成白话,说明两土苦乐形容。俾知此土有三毒四倒六道轮回之苦,而生厌离;彼国有七珍八德九品莲花之乐,而生忻慕。详言彼方,其国无有三途八难,瓦砾泥砂,纯以珍宝而为庄严;其人无有九恼十缠,死生老病,纯以圣贤而为眷属。庶几初机人修净业者,知所趣向,遂命名曰《初机净业指南》。出数千部书,风行海内。可谓煞费婆心矣。兹仍以浅近白话文字,取诸祖意,解释此经。语甚夷易,事出常谈。览其词,能识其心。识得心，不待境静，而心自静。不提心念，而佛自念。可谓大悲芬陀利，法炬陀罗尼。随俗而即俗明真，变净而以净覆秽。若空谷之答响，洪钟不待扣矣。噫，道本无言，非言不显。且此经者，我佛不得已而言之也。言有不达，道无以明。是则前祖之疏解，亦不容其已也。言既高深，钝根难入。今用白话文字，解释佛经，又宁得而已之哉！予故知以白话之浅言，畅经中之深义，既甚便于初机，深有裨于法化。俾彼读者，由浅而知深，即近而悟远。因是书之言，而知疏解之言；因疏解之言，而悟佛经之言。佛言悟矣，信以之而真，愿以之而切。持名念佛之行，以之而相续不断。求生极乐之心，可勇决矣。

时维民国丁卯夏释谛闲述于四明观宗寺之密藏居

阿弥陀经白话解释说明原因
同了看的方法

修行的方法很多。但是有些方法,不是我们这些根机浅薄的人,能够做得到的。有些方法,做起来很难,很长久。恐怕等不到修成功,修行的心,已经退了。或是修还没有修成功,人倒已经要死了。还有些方法,做起来,若是不十分明白里头的道理,往往就要着魔的。只有这个念佛修到西方极乐世界去的方法,最是稳当,最是容易。这个方法,凡是大乘经里头,什么叫做大乘,下边皆是大阿罗汉一句的解释里头,会讲明白的。都带说着的。若是专门说这个方法的,有三部经。一部是《无量寿经》,一部是《观无量寿佛经》,一部就是这《阿弥陀经》。前二部经,很长的,读也很不容易。并且经的句子,文理很深。所讲的道理,同了修行的方法,又不是人人都能够懂得，都能够做得到的。只有这部《阿弥陀经》，说得最简便，最明白。所以念佛的人，都要天天念的。但是佛经的文理，是很不容易懂的。虽然从前有许多高明的大法师，把这部《阿弥陀经》，详详细细地解释，可惜都是文理很深的。读书人还可以懂得，若是不懂文理的善男信女们，就不会明白了。我看见许多信佛的善男信女们，大半都会念《阿弥陀经》的。但是这些善男信女们口里头尽管念，究竟《阿弥陀经》讲些什么，念了有什么好处，那就不晓得的多了。有些妇人们，竟然把这部《阿弥陀经》，看得很轻的，说道念了《阿弥陀经》，死去做起鬼来，可以抵得多少钱用。咳，这真是笑话了。《阿弥陀经》的好处，说也说不尽，哪里只可以抵做钱用呢？况且一个人死了，总要盼望生到西方极乐世界去，才可以免得这生了又死，死了又生的无穷无尽的苦恼。哪里可以打这种做鬼的主意呢？我因为可怜这些善男信女们，白用功夫，所以我把这部《阿弥陀经》，一段一段分开了，再把它一句一句用白话来详详细细地解释明白。并且用两种方法来解释。一种解释，叫做解。就是下面前边一种小字，开头有一个［解］字的。这是完全照了经的字句，简简单单解释的。但是有好多地方，只不过照字句解释，还恐怕不明白，一定再要把他的来根，大略说几句，才会懂得的。这种的解释，就是下面后边一种小字，开头有一个［释］字的。若是读这本经的人，只要晓得些大略的意思，那末只要看［解］。倘然要晓得明白些的，那末看了［解］，再看［释］，都可以随便的。不过我虽然用白话来解释，但是我仍旧照了从前许多很高明的大法师用文理来解释的话，把他改做白话罢了。并没有一句，照我自己的意思解释的。还恐怕有不妥当的地方，教人看了，倒反误人，所以又请了普陀山的印光老法师改正过的。你们读这本经的人，可以放心，不会还有错误的了。但愿你们看了这本白话解释的《阿弥陀经》，大家照这本经上所说的方法一心一意的，相信西方真有这种极乐世界。时时刻刻，发出愿心来。要想到西方极乐世界去只消天天念佛，一定可以去的。念佛越念得多越好。自己念了，还要劝劝你们的父母兄弟，亲戚朋友，大家都发心，一同做善人，一同念佛，一同要想到西方极乐世界去。平常时候，各种善的事情，都要去做做；各种恶的事情，一些些也不要做。那末一定会成功的。若是我说了谎，骗你们，我死了去到阎罗王那里要受拔舌的罪的。你们相信了我的话，将来我同你们，都到西方极乐世界去，做阿弥陀佛的弟子。同了观世音、大势至、文殊、普贤许多的大菩萨,还有往生的许多最上等的善人,往生的往字,就是去字的意思。往生,就是生到西方极乐世界去。常在一块儿,亲近阿弥陀佛。听佛说法。就可以渐渐地修行,渐渐地进步上去,一直到成佛的地位了。你说这一个方法好不好呢?若是晓得了这样的好方法,哪个还肯让旁人去得,不愿自己得呢?既然要得这样的好处,那就请你们大家发起认真切实的心,快快地念起来,快快地照这种方法做起来,就决定可以得了。

阿弥陀经白话解释

印光法师鉴定

皈依弟子黄智海演述

佛说阿弥陀经

【解】　释迦牟尼佛说的这一部经叫做《阿弥陀经》。

【释】　佛，就是释迦牟尼佛。这释迦牟尼佛，本来早就已经成了佛的，因为要劝化我们这个世界上的人，所以特地来投胎做人。在中印度迦毗罗卫国，那个国王的名号，叫净饭王，他的夫人叫摩耶夫人。释迦牟尼佛投胎到摩耶夫人肚里，在周朝的昭王二十六年，是甲寅年份的四月初八日，从摩耶夫人的右边胁骨中间生出来的。就是堂堂皇皇的一位太子。后来长大成人了，看见世界上的人，受种种的苦恼。觉得在这个世界上做人，一些没有什么好，就一切都看破了。情愿不做太子，出家去修行。从十九岁出家起，修到三十岁，就得了道，成了佛。后来就在各处地方说佛法，劝化世界上的人。到七十九岁，就入了涅槃了。什么叫做涅槃呢？涅槃是梵语，就是现在的印度话。涅字的解释，是不生。不生，就是没有生相。觉得有生出来的形相，叫做生相。槃字的解释，是不灭。不灭，就是没有灭相。觉得有消灭去的形相，叫做灭相。没有生的形相，也没有灭的形相，就是佛所证的真如实相，证，是得到的意思；真如实相，就是自己本性的清净心。因为没有虚假，所以说是真；因为完全平等，所以说是如；这是真实的心相，所以说是实相。○清净心，也可以叫真实心；本性的清净心，也就可以叫真性，是看不见的。虽然看不见，但是永远不会改变，永远不会消灭的。不论什么东西，凡是会改变的，会消灭的，就是虚的假的。这种永远不改变，永远不消灭的真性，才可以说是真的。并且从佛起，一直到地狱里头的众生，都有的，都是一样的，所以叫完全平等。各种佛书里头，常常说到众生就是佛，就是这个缘故。○众生两个字，除了佛，从菩萨起，一直到地狱，都可以叫的。下边解释其国众生一句里头，会详细说明白的。究竟常住不变的道理。常常是这个样子，永远没有变动，所以叫常住不变。佛因为要教化众生，所以现出投胎出世的形相来。到了教化的事情完毕了，仍旧归到他本来没有生、也没有灭的真如实相去了。这就叫做入涅槃。那些不知道的人，看见佛入涅槃，就算佛死了。哪里晓得佛是永远不会死的。这种道理，很深很深。不说明白，恐怕人家倒反要起疑惑。但是要拿白话来说明白，实在是很不容易。我先把佛的三种身体，约略说几句，使得大家可以知道佛的涅槃，比了凡人的死，是大不相同的。怎么说佛的三种身体呢。凡是一个人，修到成功了佛，都是有三种身体的，哪三种身体呢？一种叫做法身。是拿所有一切法平等的真实性来，做他的本体的，不可以把形色相貌来拘泥的。法字，在佛经里头解释起来，不论什么东西，不论什么事情，不论什么境界，凡是有名目可以叫得出的，有形相可以看得见的，都叫做法。一切法平等，就是不论随便什么，都是一样的，没有分别的，这就是佛的本性，也就是佛的身体的根本。所以叫拿这个真实性来做本体。这个道理，实在是佛法真正的道理。但是很深的，很不容易懂的。又没有法子把浅的话来解释明白，看了不懂，可以不去管他。只要记牢了佛的法身不是同了人一样有形色相貌的就是了。〇本体的体字，实在就是从佛起，一直到地狱的众生，本来有的那个真实性。也实在就是身体的根本。但是并不是我们这种血肉的身体，千万不可以弄错的。一种叫做报身。是因为所修的种种功德，修得长久了，积得多了，现出这个极庄严的身体的形相来，庄严两个字，有端正尊重的意思。下边解释池中莲花一节的小注里头，会说明白的。享受快乐的报应。这种报身，只有大菩萨能够看得见，凡夫是看不到的。一种叫做应身。是因为众生的根机缘分，感应了佛，所以变化出这种身体的形相，到世界上来专门度脱众生的。大家不要听我说了佛有三种身体，就疑惑一尊佛有三种身体，不是就变成了三尊佛么。要晓得虽然说起来有三种身体，实在仍旧只是一尊佛。并且所说的只是一尊，还是就法身报身说的。若是讲到应身，那末一尊佛，就可以变化出无穷无尽的佛来了。譬如天上月的影子，印在各种的水里头，不论是江、是河、是海，就是很小的水缸里头，也都有一个月的影子现出来的。这许多影子，究竟还是有许多的月呢，还是只有一个月呢，自然是只有一个月了。佛的应身就是从这个法身上显现出来的。法身就譬如月，应身就譬如月的影子。所以应身虽然多得很，法身实在是只有一个。就同这一个月，可以在各处水里头都印到的道理是一样的。月碰到了清净的水，就能够显出月的影子来。佛碰到了有根机缘分的众生，就现出应身来，给有根机缘分的众生看。等到可以度脱的众生度完了，佛就现这种入涅槃的相了。譬如水干了，月的影子也就没有了。但是水干了后，月的影子虽然看不见了究竟月还是好好的在那里，一些些也没有变动。不可以就说是没有月了。况且水干的地方，看不见月的影子；那些有水的地方，仍旧都可以看见这月的影子的。从这个道理想起来，可以晓得佛入了涅槃，不可以说佛没有了。不过我们这个地方，看不见罢了。或者我们这些人，同了佛没有缘分，所以看不见的。并不是佛没有了。况且佛有三种身体，就有三种名号。现在所说的释迦牟尼佛，是梵语。释迦两个字，就是中国文的能仁两个字。能是能干，仁是慈悲。牟尼两个字，就是中国文的寂默两个字。寂是寂静不动的意思，默是符合本性的意思。这是他应身佛的名号。若然要晓得他法身佛的名号，梵语叫做毗卢遮那，中国文叫遍一切处。就是无论什么地方，没有不周遍的意思。他报身佛的名号，梵语叫做卢舍那，中国文叫光明遍照。就是身上的光明，广大得很，无论什么地方都可以照到的意思。我们看见寺院里边，大雄宝殿上中间塑的一尊很大的佛，就是释迦牟尼佛。各种佛经，都是释迦牟尼佛说的。

　　这部经的名目，叫做《阿弥陀经》，是释迦牟尼佛所说各种经里头的一种。为什么叫它做《阿弥陀经》呢？因为有一尊佛，名叫阿弥陀佛，从前发心修行的时候，也是一个国王。他父亲的名号，叫月上转轮圣王。母亲叫殊胜妙颜夫人。在那个时候，他的国里头出了一尊佛，名号叫世自在王佛。他听了佛说的法，觉得学佛法有种种的好处；在世界上做人，有种种的苦恼。所以就抛弃了王位，出家去修行，法名叫做法藏。并且还立了重誓，誓字，就是俗话说的赌咒，有决定要做到的意思。情愿修成了佛，现出一个很清净的世界来，好让众生都投生到那里去，享受种种的快乐。现在这部经里头所说的西方极乐世界，就是阿弥陀佛经过了好多劫数，劫，是记年代的大数目。在下边解释无量无边阿僧祇劫一句里头，会详细讲明白的。**修福修慧**，慧，是明白真实的道理，不起一丝一毫痴心妄想的念头。○妄想，就是乱转念头。修成功了，所现出来的世界。他在修行的时候，他还在世自在王佛的面前，发了四十八个大愿心。四十八个大愿心，在《无量寿经》里头详详细细说明白的。这四十八个大愿心里头，第十八个大愿心说，若是我成了佛，十方世界一切的众生，东方、南方、西方、北方、东南方、东北方、西南方、西北方、上方、下方，叫做十方。若是诚心相信，并且愿意要生到我的国里头去，只要他念我的名号，就一定可以去的。倘然念我名号的众生，不能得生到我的国里头去，我就不愿成佛了。阿弥陀佛有了这样的大愿心，才能得成佛的。这一部经里头所说的，都是说西方极乐世界种种的好处，同那要生到那里去的方法。所以这一部经，叫做《阿弥陀经》。但是我们这些人，本来不晓得有西方极乐世界。也不晓得西方极乐世界有说不尽讲不完的好处。更加不晓得用什么方法，可以生到西方极乐世界去。释迦牟尼佛的心，慈悲得很，哀怜我们这些人的苦恼，所以特地说这一部《阿弥陀经》。把西方极乐世界种种的好处，同了修到西方极乐世界去的最容易、最简便的方法，都在这部《阿弥陀经》里头说给我们听。教我们依了这种方法去修，就决定能够生到西方极乐世界去了。这阿弥陀经四个字上边，加佛说两个字，是要我们晓得这一部《阿弥陀经》，是释迦牟尼佛金口亲说的，不是旁人假造出来的。佛决不说假话的。我们念这部《阿弥陀经》的人，都不可以有一些些疑惑心的。一定要切切实实的相信的。

这一句，是这一部经的名目。

姚秦三藏法师鸠摩罗什译

【解】 这部《阿弥陀经》本来是西域的梵文，西域，就是现在的印度国。梵文，就是印度国的文字。在从前南北朝的时候，秦国有一位精通各种经典的大法师，名字叫鸠摩罗什，翻译成功中国文字的。

【释】 我们中国在南北朝的时候，乱得很，分了好几国，都是自己称做皇帝的。那个时候，前后有两个秦国。一个秦国的皇帝，姓苻，名字叫坚。所以大家称他做苻秦，也称前秦。后来被姚苌夺做了皇帝。虽然仍旧叫做秦国，但是皇帝改了姓姚的。所以大家称他做姚秦，也称后秦。这位法师，是姚秦时候的人，所以称他做姚秦三藏法师。三藏的三字，是指经、律、论三种。藏字，是包藏的意思。因为经、律、论三种，都包藏着许多的道理在里头，所以叫三藏。就是经藏、律藏、论藏三种。经，是佛说的各种经。律，是讲应该守的各种戒，戒是自己禁戒自己，不但是不做种种的恶事，就是恶的念头，也一些不转。譬如我们在家人的法律一样的。论，是专门讲许多佛法的道理的。经藏里头，戒、定、慧的道理戒、定、慧，三种道理,实在是佛经里头最要紧修的。能够在这三种道理上用功夫,才可以把一个人的种种坏处,渐渐地去掉。〇定,是一心一意专诚用功佛法,不去转一丝一毫别种乱念头。慧字,在前边解释佛说阿弥陀经一句的小注里头,已经讲明白过的。都讲到的,不过讲定的地方最多。律藏,是专门讲一种戒的道理。论藏,是专门讲一种慧的道理。这位法师,是精通这三种学问的,所以称他做三藏法师。法师,是精通佛法的出家人,能够把佛法来教导世人的。鸠摩罗什四个字,是法师的名字。译字,是翻译的意思。中国所有的佛经,本来都是从印度各国请来的,都是印度的梵文。各种佛经,都是许多很高明的大法师,把梵文来翻译成中国文字的。这部《阿弥陀经》,是鸠摩罗什法师翻译出来的。法师是印度地方中天竺国人,生在葱岭东的龟兹国。他的父亲名字叫鸠摩罗琰,做过宰相的。他七岁的时候,就明白佛法的道理。后来就专心用功,精通佛法。苻坚听到了他的大名声,就派一个将官,叫吕光的,去攻打龟兹国,接法师来。等到吕光接到了法师,回到凉州地方,姚苌已经夺了皇帝的位,所以就在凉州住了几年。后来姚苌的儿子姚兴做了皇帝,才把法师迎接来,就拜他做国师。国师,是皇帝拜他做师父的好名目。皇帝拜了他师父,就请他在全国里头传扬佛法了。他所翻译的佛经总共有三百九十多卷。他差不多要死的前几天,对了许多人说道,我所翻译的佛经,若是没有翻译错,那末我死后,烧起我的身体来,我的舌头不会焦烂的。后来他死了,就照佛教的规矩把他的身体火化了。身体烧得一些没有了,独有这一条舌头,还是好好的,没有烧去。所以,可见得他所翻译的这部《阿弥陀经》,是决定一些没有错的。但是念这部《阿弥陀经》的时候,这姚秦三藏法师鸠摩罗什译的一句,是不要念在里头的。

这一句,是说明白这一部《阿弥陀经》是某人翻译的。

如是我闻,一时佛在舍卫国,祇树给孤独园,

【解】 我亲自听得佛是这样说的。有一个时候释迦牟尼佛_{下边只称佛。}在舍卫国的一个花园里头。这个花园,叫做祇树给孤独园。

【释】 这一部《阿弥陀经》,虽然是释迦牟尼佛_{下边只称佛。}说的。但是佛说过了,并没有记出来。后来佛的堂弟,就是佛的弟子,名叫阿难的,恐怕日期长久了,大家都记不得,所以特地把佛所讲过的佛法,一句一句的都编集起来。如是

我闻的如是两个字，是这个样子的意思。就是总指这一部经。我字，是阿难自己称的。佛差不多要入涅槃的时候，阿难问佛，将来编集起佛经来，开头第一句，怎么样说法。佛回答阿难道，佛经第一句，一定要用如是我闻四个字，才可以证明白这种经都是你阿难自己亲听得佛说的，不是从旁人那里听来的。因为佛这样吩咐过阿难的，所以阿难编集的各种佛经，开头第一句，都有如是我闻四个字的。一时两个字，是有这么一个时候的意思。因为时候各处不同的，所以不能够说定某年某月。譬如我们现在用的阳历正月初一，在阴历还是十二月，有的时候或是还在十一月。又像夏朝的十一月，到周朝就算是正月了。又像忉利天的一昼一夜，忉利天，同了下边的夜摩天，在后面解释无量诸天大众俱一句里头会详细说明白的。在我们这个世界上，已经是五百年了。夜摩天的一昼一夜，在忉利天，已经是五百年了。所以佛经上讲到佛说法的时候，都是浑说一个时候，不能够说定是在什么年份月份，就为这个缘故。舍卫国，是一个大国的国名，就是现在的印度地方。祇树给孤独园，是舍卫国里头的一个花园。舍卫国有一个有财、有势、有学问、有道德的人，名叫须达多，他时常周济穷苦的人，所以都叫他给孤独长者。长者，是年纪大、道德高的称呼。

那个时候,舍卫国的国王,有一个太子,名叫祇陀,他有一个花园,叫逝多园,里头树木很多的。这给孤独长者,想问祇陀太子买这个花园来,造些房屋在里头,请佛来说法。太子假意不肯,说要把金子来铺满了这个花园的地,才肯卖给你。给孤独长者听了,就拿出自己家里所有的金子来,铺在花园的地上。那太子看他诚心得很,就把这个花园送给他了。后来就把他们两个人的名字,做了这个花园的名字。太子施馀尚未布金的地及树林。两人共同供养佛僧,所以叫做祇树给孤独园。

这一时佛在舍卫国,祇树给孤独园两句经,是说明白佛在什么地方。

与大比丘僧,千二百五十人俱。

【解】 同了出家的一千二百五十人在一块儿。

【释】 与字,是同了的意思。比丘,是梵语。出家的男子,受了具足戒的,叫比丘,就是俗人都称他们做和尚的男子。出家的女人,受了具足戒的,叫比丘尼,就是俗人都称他们做尼姑的女人。具足戒的具足两个字,是完全的意思。

戒，是防备做不规矩的事情，同了禁止做恶事情的方法。戒有好几种，有多有少的。受具足戒，就是受全戒。没有比这种戒再多的了。受过了戒，就不可以再犯了。譬如受了杀戒，就不可以杀活的东西了。出家的男子，受的具足戒，总共有二百五十条。受了这二百五十条具足戒的男子，才可以算是比丘。出家的女人，受的具足戒总共有五百条。受了这五百条具足戒的女人，才可以算是比丘尼。凡生到西方极乐世界去的人，都是男身。就是妇女们，倘然生到了西方极乐世界去，也都会变做男身的。这是阿弥陀佛四十八个大愿心里头，有一个愿说道，我若是成了佛，倘然生到我的国里来的女人，仍旧是女身的，我就不愿成佛。阿弥陀佛发过这样的大愿心，所以西方极乐世界，只有男身，没有女身的。因为只有男没有女，所以只有比丘，没有比丘尼的。但是这部经里边所说的大比丘僧，那都是释迦牟尼佛的弟子，在舍卫国听佛说法的，并不是西方极乐世界的人。僧字，是许多人和合在一处的意思。因为出家人，都是许多人和合在一处修行的，所以出家人叫做僧。这一句经里头，比丘上边，加一个大字，可见得这些比丘都是道行很高的，并不是初出家的人，能够比得上的。俱字，是在一处的意思。这些比丘僧，同佛常常在一处的,总共有一千二百五十人。佛得道后。最先度脱他们的。又僧字,是从菩萨起,直到初出家受过具足戒的,都可以称的。

这两句,是说同佛在一处的人的数目。

皆是大阿罗汉,众所知识。

【解】 上边所说的一千二百五十人,都不是平常的出家人,都是大阿罗汉。大众人都知道他们,认识他们的。

【释】 阿罗汉,就是俗人叫做罗汉的。一个人修行,将来就会得到好报应;一个人造业,将来就会得到苦报应。修行修到样样完全,样样圆满,就成佛了。修六度万行的,就是菩萨。修十二因缘的,就是缘觉,又叫辟支佛。修四谛的,就是声闻。修上品十善业的,业字,凡是所转的念头、所做的事情,不论善的恶的,都叫做业。转善念头,做善事情,就叫善业;转恶念头,做恶事情,就叫恶业。生在天道,就是生到天上去,做天上的人。修中品十善业的,生在人道。还有一种说法,是守五戒的,生在人道。〇五戒,下边就会说明白的。修下品十善业的,生在阿修罗道。修得最认真的,叫做修上品;差一些的,叫做修中品;再差一些的,叫做修下品。**阿修罗，是鬼神的另外一种。他前生也很肯修福的，但是有妒忌旁人的心。并且发火的心，很厉害的，所以就落在这阿修罗道里头去了。犯下品十恶业的，生在畜生道。犯中品十恶业的，生在饿鬼道。犯上品十恶业的，生在地狱道。十恶业犯得最重最多，叫做犯上品；差一些的，叫做犯中品；再差一些的，叫做犯下品。**○上边是先把修行造业的各种人，所受的种种报应，所以不相同的缘故，大略说一些，到下边再把一种一种的说清楚。六度，第一是布施。梵语叫檀那波罗密。但是布施有两种。一种叫法施，就是拿佛法来劝化人；一种叫财施，就是拿钱财物件来周济穷苦人。第二是持戒。梵语叫尸罗波罗密。就是守住佛的禁戒，不造各种恶业。第三是忍辱。梵语叫羼提波罗密。就是忍耐一切苦痛，受了旁人的欺，不同他争闹。第四是精进。梵语叫毗梨耶波罗密。就是各种善事，肯发狠的去做；各种恶事，肯发狠的禁止。第五是禅定。梵语叫禅那波罗密。就是把这个心，安住在真如实相的道理上，真如实相四个字，在前边解释佛说阿弥陀经一句里头已经详细讲明白了。不放他散开来，想杂乱的念头。第六是智慧。梵语叫般若波罗密。就是能够分别真正的道理，破除种种的迷惑。万行，是修一切的功德。菩萨专门这样的修，等到功行修圆满了，就成佛了。十二因缘，第一是无明。就是不明白真正道理的意思。因为不明白道理，就会生出种种的烦恼来，所以又叫做烦恼的根本。第二是行。行字的意思，就是没有停歇。因为种种的烦恼，没有停歇的时候，常常的动起心来，就造出种种的业来了。第三是识。识是业识，就是妄想分别的心。分别，是不论什么事情、什么东西，都去分别他好的、不好的、喜欢的、不喜欢的。因为一个人前世有了种种的业，就被这种种的业，感动了这个识，看见有可以投胎的地方，就去投胎了。第四是名色。这个时候，一个人的识，还没有什么大用处，只有这个识的名目，所以叫做名。身体虽然没有完全成功，但是已经渐渐的要成功色身了，所以叫做色。就是投了胎，识同了身体，都渐渐地长大起来了。第五是六入，又叫六根。就是眼、耳、鼻、舌、身、意，意，就是念头。完全生成功了，要出胞胎了。第六是触。就是初出生来，年纪二三岁的时候，对了各种的东西，各种的事情，还不很会分别他好的、坏的、苦的、乐的。第七是受。就是年纪到了六七岁的时候，对了各种的东西，各种的事情，渐渐地会分别起好坏来。就觉得有时受着乐，有时受着苦了。第八是爱，就是年纪到了十几岁的时候，就会生出种种爱的心、贪的心来了。并且生得很厉害的。第九是取。就是到了成人的时候，这种种的爱心、贪心更加厉害，想到什么，就一定要得到手了。第十是有。有字，就是业字的意思。因为有了要的心，就会生出烦恼来了；有了烦恼，就会造出种种业来了；既然造了业，就会有将来的结果报应了。第十一是生。就是照了现在所造的善业、恶业，将来就要受生生死死的苦，并且还不知道生到什么地方去哩。第十二是老死。就是既然有了生的苦，就一定有老的苦，死的苦了。第一种的无明，最是迷惑人的东西。有了这种无明，一个人就糊糊涂涂的，随便造业；造了业，就要受报应了；受报应，就是在这个生生死死里头，出了又进，进了又出。或是投人身，或是投畜生，总归逃不出这个关头。所以这个无明，实在是一个人生生死死的根本。有了这个根，就自然会生出第二种的行，一直生出到第十二种的各种因缘来了。一个人死了去，死的是躯壳，他的灵性，灵性，是最灵妙的知觉性，并不是大家所说的灵魂。灵魂，是常常要变的。灵性，是永远不变的。〇知觉性，是众生本来有的性。有了这个性，才有知觉；没有这个性，就同了木石一样了，所以叫做知觉性。仍旧还在的，不会死的；他的无明，也仍旧没有破去，所以免不得还要投生做人。因缘的因字，是种子的意思。缘字，是帮助成功的意思。譬如种稻。一粒谷，是因。地土、雨水，同了种田人的做工，是缘。不论什么事情,都要有因、有缘,才会成功。一个人所以生了又死,死了又生,逃不了这个生死的苦,就因为有了这十二种因缘的缘故。缘觉晓得了生生死死的苦,所以就在这十二种因缘上边用功。自己开悟了,得了道,就成功了一个不生不死的身体。因为他们觉悟了这十二种的因缘,所以称他们做缘觉的。四谛,第一是苦谛。谛字,是见到了真实的道理。一些也没有错的意思。苦谛,就是苦报应。第二是集谛。集字,是聚集的意思。就是贪、瞋、痴等种种的烦恼,_{贪、瞋、痴三个字,}下边就会讲明白的。同了种种的恶业,能够聚集起各种苦报应来。第三是灭谛。就是灭除生生死死的苦恼。第四是道谛。就是照真正的道理修行。因为有了第二种的种种烦恼恶业,就有第一种的苦报应。所以要修真正的道理,才可以灭除生生死死的苦恼。声闻明白了这种道理,所以就在这四种道理上用功夫,修到了不生不死的地位。但是声闻还有四种分别,叫做四果。果字,就是结果的意思。修到什么功夫,就结成功什么果。也有叫做果位的。加一个位字,就是得什么位子的意思。功夫最浅的第一种果,叫须陀洹。这个名字是梵语,翻译出中国文来,叫做入流,也叫做预流。意思就是刚刚明白得真正的道理,可以进到圣人一类的地位了。功夫稍稍深一些的,第二种果,叫斯陀含,也是梵语。翻译出中国文来,叫做一来。意思就是这个人死了,就生到天上去,做一世天上的人,再生到我们人的世界上来,做一世的人,就能够断尽生死的苦恼,不再受生死了。功夫更加深一些的第三种果,叫阿那含,也是梵语。翻译出中国文来,叫做不来。意思就是这个人死了,生到色界的天上去,有的就在这一层天上,证到第四种果,就了生死的。了生死,就是不再生了又死,死了又生。有的要在色界的各层天里头,一层一层的升上去,受了几次的生,才了生死的。还有的要从色界天上,一直生到无色界天上去,才了生死的。上边所说的色界天、无色界天,下边解释无量诸天大众俱一句里头,都会详详细细说明白的。但是总归在天上修,一直要修到烦恼都断得清清净净,不再生到人的世界上来。功夫最深的第四种果。就是阿罗汉,也是梵语。翻译出中国文来,叫做无生。意思就是一切烦恼,都断得清清净净,一些也没有,不再受生死的苦恼了。这四种果,总名叫声闻。罗汉,是声闻里头最高的一位。缘觉同了声闻,只知道自己要逃脱这生生死死的苦,不肯发心度人的。不像菩萨,一边自己修,一边就专门想度尽世界上人的苦。所以声闻、缘觉,叫做小乘。菩萨才是大乘。但是声闻、缘觉,既然修到了阿罗汉、辟支佛的地位，他们不论迟早，决定会回转小乘的心来，归向到大乘的佛道上去，发大愿心，学做菩萨，情愿再到世界上来，度脱一切苦恼的众生的。到了这样的地步，就是菩萨了。不过有的就在这一世里头发大心的，<small>大心，就是大乘心、大愿心。</small>有的要过了许多劫数，才发大心的。但是决定没有永远不发大心的。乘就是车。大乘，譬如大的车，可以多装东西的。小乘，譬如小的车，不能够多装东西的。这是譬喻菩萨的心量大，<small>心，就是心思。量，就是限量。</small>心量，实在就是俗话的度量。凡夫的心量，有限制的，所以小。菩萨的心量，没有限制的，所以大。能够度一切众生。声闻、缘觉的心量小，不能够多度众生。度脱的众生多，就是修行的功德大。等到修行的功德圆满了，就成了佛了。声闻、缘觉虽然不至于再到我们这个世界上来做人，受生生死死的苦，但是倘然不发度人的大愿心，修菩萨的道，那就终究不过是声闻、缘觉罢了。不独是不能够成佛，并且也不会成菩萨的。所以一个人修行，总要发度人的大愿心，不可以只管自己顾自己的。十善，是身三业、口四业、意三业。身三业，就是身体上造出来的三种业。口四业，就是口上造出来的四种业。意三业，就是意思里头造出来的三种业。身三业，第一是杀业。不要说杀人了，就是最小的蚊虫苍蝇，也一样的性命，都不可以杀的。不吃素的人，这杀业就犯得多极了。第二是盗业。不要说强抢了，就是拿旁人的东西，你没有告诉他，他没有应许你，先就拿了，就算是盗。第三是淫业。不要说淫人家的妻女了，就是嫖了娼妓，也就犯了淫了。妇女同旁人家的男子，私底下往来，也一样是犯淫业。口四业，第一是妄言，就是说假话。第二是两舌，就是搬是非。第三是恶口，就是咒骂人。第四是绮语，就是说轻薄话。意三业，第一是贪。就是贪心不足。第二是瞋，就是动火发恨。第三是痴，就是心里头转的念头，不合正当的道理，并且不相信因果。因果两个字，粗说起来，就是报应。下边解释彼佛何故号阿弥陀一句里头，会详细讲明白的。不相信一个人死了，他的灵性，仍旧不灭的道理。身三业、口四业、意三业，合并起来成十业。犯了就是十恶业，戒了就是十善业。五戒同了十善差不多的。第一是戒杀，第二是戒盗，第三是戒淫，第四是戒妄语。妄语一种，就包括两舌、恶口、绮语三种在里头了。第五是戒饮酒。因为酒最容易迷人的心。一个人喝醉了酒，就会做出种种不规矩的事情来的，所以也要戒的。这五戒若是不守住，就不敢保这个人身一定靠得住了。凡在家的男子受了五戒，叫做优婆塞；在家的女人受了五戒，叫做优婆夷。天道、人道、修罗道、畜生道、饿鬼道、地狱道,叫做六道。若是一个人不修到西方极乐世界去,就总在这六道里头,出出进进,逃也逃不出。善的就生在天道、人道、阿修罗道里头,叫做三善道。恶的就堕到畜生道、饿鬼道、地狱道里头去,_{堕字,是跌落下去的意思。}叫做三恶道。这一段解释了许多。只有讲罗汉的几句,同了前边的经文有关系,还有许多话就同了经文没有关系了。那末为什么都要去讲它呢?因为佛法里头,这些大略的道理也都应该要晓得一些的,所以一齐把他来大略说说。看了懂的,自然是最好。看了不明白,可以不去管它。

这两句,是说同佛在一处的许多人是怎么样的一等人。

长老舍利弗、摩诃目犍连、摩诃迦叶、摩诃迦旃延、摩诃俱絺罗、离婆多、周利槃陀伽、难陀、阿难陀、罗睺罗、憍梵波提、宾头卢颇罗堕、迦留陀夷、摩诃劫宾那、薄拘罗、阿㝹楼驮,

【解】 就是道行高,出家的年数多的舍利弗等十六位。

【释】 长字,是说道行高。老字,是说出家的年数多。

长老两个字，不独是称舍利弗一位。从舍利弗起，至阿㝹楼驮，总共十六位，都是道行高的。还有出家的年数多的，所以都称他们做长老。但是道行高，同了出家的年数多，两种里头有了一种。也就可以称长老的。舍利弗，就是舍利子，在佛的许多弟子里头，要算智慧最高，智慧同了聪明，虽然差不多，但是究竟不同的，聪明可以用在正路上，也可以用在邪路上，智慧是能够分明白邪正的道理的。所以称他智慧第一。目犍连，就是目连，神通最大，所以称他神通第一。摩诃迦叶，专门苦修的。佛哀怜他年纪老了，劝他休息，他仍旧苦修，所以称他头陀第一。头陀是梵语，有除去、同洗净的意思，总共有十二种刻苦修行的规矩，都是出家人学的。大概都是除去种种烦恼，洗净心思的方法。摩诃迦旃延，同旁人讲起道理来，能够使得大家相信他、佩服他的说法，所以称他论议第一。摩诃拘絺罗，口才最好，随便问他什么，都能够回答的，所以称他答问第一。离婆多，他的心很正的，没有一些颠倒的念头，又是很定的，没有一些散乱的念头，所以称他无倒乱第一。周利槃陀伽，他的根机是很钝的。钝，就是没有智慧。佛教了他两句偈，偈字，是梵语，就是中国的一个颂字，是称颂、颂扬的意思。佛经里头，凡是句子有长短的，叫做长文。句子的字数多少一样的，叫做偈，也叫做颂。有每一句三个字的,有每一句四个字、五个字、六个字、七个字的各样的偈,同我们中国的诗差不多的。就一心一意的读这两句,想这两句的道理,后来竟然就明白一切的佛法了,所以称他义持第一。义字,就是道理。持字,是守牢的意思。难陀,是佛的同胞弟,最讲究礼节,并且相貌也好,所以称他仪容第一。仪字,就是礼节。容字,就是相貌。阿难陀,是佛的堂弟,就是编集这部《阿弥陀经》的。他做佛的侍者,近身服侍的人,叫做侍者。做了二十五年。佛每次说法,他总是听到的。并且佛从前所说的法,他没有听着的,佛也重新同他说过一遍。他所听的佛法,就比了大众,格外多了。所以称他多闻第一。罗睺罗,是佛的太子。他的功行,秘密得很,只有佛知道他,所以称他密行第一。憍梵波提,因为他过去千万世的时候,嘲笑了出家人,所以经过许多劫数的时代,堕落在畜生道里头做牛。后来报应满了,做了人,吃起东西来,还像牛倒嚼的样子。嚼字的解释是咬嚼,大凡牛吃东西,吃过后,往往停了一刻,再吐到嘴里咬嚼一回,就叫做倒嚼。这位罗汉有这种样的形相。佛恐怕旁人看见了,要嘲笑他,就造成轻慢圣人的罪了。所以教他长在天上,受天上人的供养。所以称他受天供养第一。宾头卢颇罗堕,佛吩咐他长久住在世界上,受这末法时代的供养,从释迦牟尼佛成佛的时候算起,叫做正法的时代,总共是一千年。过了这一千年,叫像法的时代,总共也是一千年。又过了这一千年,叫末法的时代,总共是一万年。现在正是在末法的时代,已经过了九百五十多年了。所以称他福田第一。福田,是说修了功德一定能够受着享福的报应,同下了种子在田里头,一定得着收成一样的意思。迦留陀夷,是佛常常差他出去教化人的,教字,是教导的意思。化字,是劝化的意思。所以称他教化第一。摩诃劫宾那,懂得天文的,所以称他知星宿第一。薄拘罗,因为他从前周济过一个有病的出家人,并且还能够守不杀生的戒。有了这两种功德,就世世做人,都是长寿的。所以称他寿命第一。阿㝹楼驮,也是佛的堂弟。因为眼睛瞎了,佛教他修一种定心的法子,就得到了天眼通。天眼通,下边解释其土众生,常以清旦一节里头会说明白的。比了旁人的天眼更加特别,所以称他天眼第一。照这部经里头说,同佛在一块儿的罗汉。有一千二百五十人的多。若是把他们的名字,一位一位都提出来,那就烦得了不得了。所以只把这道行最高,出家年数最多,并且各有一样特别好处的十六位提出来,做个榜样的。

　　这一段是说一千二百五十人,都是大罗汉。大罗汉里头,有某某等这几位。

如是等诸大弟子。

【解】　有这样的许多大弟子。

【释】　诸字,是许多的意思。舍利弗等一千二百五十人,都是佛的弟子,并且已经都成了罗汉的,所以称他们做大弟子。

这一句,是说这许多的大比丘,都不是平常的出家人。

并诸菩萨摩诃萨,

【解】　还有许多大菩萨。

【释】　菩萨摩诃萨是梵语,若是完全说起来,应该说菩提萨埵摩诃菩提萨埵。菩提,是觉悟的意思,_{觉,就是不迷。悟,}就是醒悟。又有使得旁人醒悟的意思。萨埵,是众生的意思。摩诃,是大的意思。就是能够把佛法来化导众生,使得众生能够明白真实的道理。并且是大大的化导,要一切众生,都成功佛。菩萨摩诃萨五个字,并起来说,就是这样的意思。若是照字眼讲起来,就是大菩萨三个字。

这一句，是说不独是有一千二百五十位大罗汉，并且还有许多大菩萨哩。

文殊师利法王子、阿逸多菩萨、乾陀诃提菩萨、常精进菩萨。

【解】　就是文殊师利法王子等各位大菩萨。

【释】　这是四位大菩萨的名字。文殊师利法王子，就是文殊菩萨。在许多菩萨里头，智慧最高，所以把他的名字排在各位大菩萨里头的第一位。同了把舍利弗排在许多罗汉里头的第一位，是一样的意思。阿逸多菩萨，就是弥勒菩萨。现在各处寺院里，山门口的一尊开了口笑的菩萨，就是他的形象。但是要晓得，这一尊像，是唐朝时候，一位布袋和尚的像。因为这位和尚，是弥勒菩萨现出来的化身。化身，就是化现出来的身体。像释迦牟尼佛，本来是已经成了佛的，他的法身，一些没有变动，那投生做太子的身体，就是释迦牟尼佛的化身。大略说起来，化身同了应身，是差不多的，不过应身只有佛能够有，化身就菩萨以下都有的了。所以塑这样的像，要人家晓得菩萨常常在世界上显现的道理。若是讲到弥勒菩萨的本像，那就同了文殊菩萨、普贤菩萨一样的。从释迦牟尼佛成佛后，将来第一个成佛的，就是现在经上的这位阿逸多菩萨，将来就称做弥勒佛。他的心，最是慈悲的。乾陀诃提菩萨，就是不休息菩萨；因为他不晓得经过了几千万万年，一直修行，从来不休息的，所以得了这个名字。常精进菩萨，照《大宝积经》里头说，《大宝积经》是一部经的名目。这位菩萨为了一个众生，不晓得费了多少的年代去劝化他，还是不肯受劝，那菩萨却仍旧跟着他，用种种的方法教化他，没有一些厌倦心的。所以称他叫常精进。佛说法的时候，来听法的菩萨也多得很，若是把他们的名字一位一位都提出来，也太烦了，所以拣几位提出来。但是为什么提出他们这四位呢？那是有一个道理的。因为修这个生到西方极乐世界去的方法，必定要有信愿行三种的心，信，是相信。愿，是情愿。行，是照了修行的方法修。下边解释众生闻者，应当发愿一节里头会详细说明白的。○行，读做恨音。凡是作修行解释的，都读做恨音。方才能够成功。若是没有大智慧的人，就不能够发起真实的信心米。没有大慈悲的心，就不能够发起度脱一切众生的愿心来。倘然不发度脱众生的这个大愿心，那就同了阿弥陀佛的愿心不能够相应了。那末就是愿意生到西方极乐世界去，恐怕也不能够成功了。有了这信心、愿心，还要切切实实的念佛，不可以一天不念。若是今天念了，明天不念，那是也不会成功的。并且要把念佛求生到西方极乐世界的念头，时时刻刻放在心上，不可以念过了佛，就把这个念头抛开的。所以必定要学那文殊菩萨的真智慧，发起信心来；学那弥勒菩萨的大慈悲，发起愿心来；再学那不休息、常精进两位菩萨修行的样子，一心一意的念佛，才能够成功。这里特为提出他们四位来，就是给修行人做一个榜样的意思。

这一段，是说大菩萨里边，有某某等这几位。

与如是等诸大菩萨，

【解】 同了这样许多的大菩萨。

【释】 这一句，是说还不止上边所说的四位大菩萨。

及释提桓因等无量诸天大众俱。

【解】 还有释提桓因等，许多天上的人，同了各种的人，都在一块儿。

【释】　及字，也是同了的意思。释提桓因，就是道教里头所说的玉皇大帝。实在就是第二层天上的天帝。我们头上一直上去，总共有二十八层天。第一层天，叫四天王天。在须弥山山腰的四周围，各有一位天王。东天王，名叫持国天王。南天王，名叫增长天王。西天王，名叫广目天王。北天王，名叫多闻天王。这四天王天，因为在须弥山山腰的四周围，所以盖不到我们这个世界的。第二层天，叫忉利天。在须弥山的顶上，就是我们头顶上的天。这一层天的天王，就是释提桓因，也叫帝释。佛经上说过的，他从前在迦叶佛的时候，迦叶佛在什么时候，下边解释其中多有一生补处一句里头会说明白的。是一个平常的女人。他因为看见迦叶佛入了涅槃，就发一个大愿心，要造一座塔来供养迦叶佛。在那个时候，还有三十二个女人，帮助他造塔，就成功了这个大愿心。靠了这种善业，他就做了忉利天王。忉利天的四边，东、南、西、北，每方各有八天，总共有三十二天。各天的天王，就是那三十二个女人做的。但是这三十二天，都归释提桓因管的。可见得造塔造庙的功德，是大得了不得的，所以有这样大的好报应。再上去的天，叫夜摩天、兜率天、化乐天、他化自在天。从我们这个世界下边的最下一层地狱，叫阿鼻地狱起，阿鼻地狱的阿字,是梵语,就是中国的无字。鼻字,就是中国的间字。所以又叫无间地狱。就是常常不停歇的受苦,没有一些间断的时候。地狱的种类很多,这阿鼻地狱是最苦的,犯罪最重的就要堕到阿鼻地狱里头去的。向上经过我们的这个世界,一直到他化自在天,总共六层天,都叫做欲界。因为生在这里头的人,都有男女情欲的,所以叫做欲界。从欲界六天再上去,叫做四禅天,就是色界,总共有十八层天。叫梵众天、梵辅天、大梵天。这三层天,叫做初禅三天。再上去,有少光天、无量光天、光音天。这三层天,叫做二禅三天。少净天、无量净天、遍净天这三层天,叫做三禅三天。福生天、福爱天、广果天、无想天、无烦天、无热天、善见天、善现天、色究竟天这九层天,叫做四禅九天。凡是生到这十八层天上去的人,都没有淫欲了。并且只有男人,没有女人的。不过那些人的身体,都还是有形状颜色,可以看得见的色身。色身,就是有形状颜色、可以看见的身体。所以这十八层天,叫做色界。从这个色界再上去,又有四层天,叫做空无边处天、识无边处天、无所有处天、非想非非想处天。住在这四层天上的人,连色身都看不见了,所以叫做无色界。总共二十八天,都叫做天道。佛经里头常常说的三界,就是这欲界、色界、无色界。无量两个字,是很多很多的意思。诸字,是许多的意思。因为天多得很,不但是一直上去的二十八天,同了忉利天四面的三十二天,所以叫诸天。大众两个字,不独是说天上的许多人,并且包括阿修罗,同了旁的世界的各种人,还有龙王等,种种都在里头。俱字,就是在一块儿的意思。

这两句,是说不独是大罗汉、大菩萨,还有好许多天上的人,各方世界上的人,同了龙王等,都在那里听佛说法。

尔时佛告长老舍利弗:

【解】 在那个时候,佛告诉长老舍利弗道。

【释】 尔时两个字,是那个时候的意思,就是佛说法的时候。佛向来说法,都是先有人问了再说的,独有这部《阿弥陀经》,没有人问,自己先说的。这是因为佛看见我们这个世界上的人,造业造得太多了,受苦也受得太深了,哀怜我们世界上人的心思,太悲切了,急急要人晓得有这么一个好地方,有这么一个好方法,可以使得我们这个世界上的人,不要再受种种的苦。所以等不得有人问,就先说了。但是这种很深很妙的方法,若然不是真正有智慧的人,恐怕听了心里头不免要有些疑惑。倘然有了一些些疑惑心,那就不能够发起愿心来,照了这样的方法切切实实去修行了。要晓得天下的事情,都是靠了这个切实的信心做成功的,何况修佛法呢。舍利弗在佛的弟子里头,是第一个有智慧的人,对了佛说的这种道理,容易明白些,所以佛叫了他的名字。同他说虽然像是只同舍利弗一个人说,实在是同大众说的。并且佛说的时候,凡是在那里的大众,没有一个不听得的。他们看见舍利弗这样有智慧的人,听了佛说这种方法,一些些没有疑惑,大家就知道这个方法断断乎没有可以疑惑的地方,都应该要发起信心、愿心来了。佛所以特地叫舍利弗的意思,就是要大众发起信愿心来。这层道理,不可以不明白的。

从这一句起,下边都是佛说的话了。

从是西方过十万亿佛土,有世界,名曰极乐。

【解】 从我们这个世界,一直向西方去,经过十万亿个佛的世界。那个地方,另外有一个世界,叫做极乐世界。

【释】 上边的许多话,都是阿难编集这部经的时候,说明白佛说法的时候种种的情形。从这里起,都是佛所说的话

033

了。从是的是字，就是指我们这个世界。我们这个世界，叫娑婆世界。娑婆两个字是梵语，是会忍耐的意思。就是说我们这个世界上的人，会忍耐受这样的苦。现在我们所住的地方，叫做南赡部洲，在须弥山的南边。须弥山的四周围总共有四个洲。东边的叫东胜神洲，也叫弗婆提；南边的就是我们这个南赡部洲，也叫阎浮提；西边的叫西牛贺洲，也叫瞿陀尼；北边的叫北俱卢洲，也叫郁单越。亿字，就是一千万。亿有十万、百万、千万、万万四种的说法。《华严经》里头所说的亿，都是在百万之后，可见得亿的数目，必定比百万还大。《金光明经》说，一个大千世界，有百亿日月，百亿须弥山，合算起来，亿字就是作一千万。这部《阿弥陀经》里头所说的亿，不可以照十万算的。因为纪大数目，必定是用大的纪数的。灵峰蕅益大师的《弥陀要解》里头，就说这亿是一千万。大师的注解，一定是有根据的。佛土，就是佛所住的、所教化的世界。一个佛土，是一个三千大千世界。什么叫做三千大千世界呢？每一个世界，照直里讲起来，从地狱起，一直向上到大梵天。在这个里头，有一个日，一个月，一座须弥山。日同了月，都在须弥山的山腰周围行的。照横里讲起来，在须弥山外边，有香水海。再外边，有七金山。每一座金山，隔一道香水海，总共有七道香水海、七座金山。那须弥山，都是四种宝

贝合成功的。_{四种宝贝,下边解释皆是四宝周匝围绕一句里头会说}
_{明白的。}不像我们现在所看见的山,是泥土同了石合成功的。
须弥山在水底下,有八万由旬。_{每一个由旬,有四十里。}在水面
上,也有八万由旬。第一座金山,比须弥山一半的高。第二
座,比第一座一半的高。每向外一座,高就减少一半。第七
座金山的外边,有一道咸水海。上边所说的东、南、西、北四
个洲,就在这咸水海的上面。咸水海外边,就是铁围山。这
样许多的天,许多的山,许多的海,算是一个世界。这样的一
千个世界,叫一个小千世界。一千个小千世界,叫一个中千
世界。一千个中千世界,叫一个大千世界。也就叫做一个佛
土。因为里头有小千、中千、大千三个千的数目,所以叫三千
大千世界。并不是一个佛土里头,有三千个大千世界。不要解
释差了。过十万亿佛土。就是从我们这个世界起,一直向西过
去,经过一万万个三千大千世界,便到极乐世界了。

　　这两句,是说西方极乐世界在什么地方。

其土有佛,号阿弥陀,今现在说法。

【解】　那个西方极乐世界里头,有一尊佛,名叫阿

弥陀佛,现在正在那里演说佛法。

【释】 阿弥陀佛,是西方极乐世界的教主,教主两个字,在下一节里头会说明白的。所以永远在西方极乐世界的,并且永远在西方极乐世界说法的。释迦牟尼佛出世的时候,阿弥陀佛已经在那里说法了,现在也仍旧在那里说法,就是再过无穷无尽的年代,也还在那里说法。这是阿弥陀佛,同了别个世界上的佛,特别不同的情形。生到西方极乐世界去,真实的好处,实在就在这一层道理上。因为常常可以听到阿弥陀佛的说法,永远不会停歇的,所以能够容易修成功。

这三句,是说西方极乐世界有什么佛在那里,在那里做什么事。

舍利弗,彼土何故名为极乐?其国众生,无有众苦,但受诸乐,故名极乐。

【解】 佛又叫舍利弗道,那个世界,为什么叫他做极乐世界呢?因为生在那个世界里头的许多人,没有种种的苦恼,只有享种种的快乐,所以叫做极乐世界。

【释】　这部《阿弥陀经》里头，除了舍卫国的国字，所有旁处的国字，都是作一个大千世界解释的。因为一个大千世界，就有一尊佛做教主。凡是这一尊佛所教化的一个大千世界，就像一个王，管理一个国。所以这一尊佛就称做教主，这一个大千世界也就称做国。若是照我们现在所称做国的讲起来，单是一个南赡部洲，就已经有许多的大国小国。那是一个大千世界里头，要有无穷无尽的国了。但是这种国，都是人的国，不是佛的国。下边的解释里头，凡是讲到国字的地方，都是说佛国的，就是一个大千世界。这里的其国众生的国字，是指西方极乐世界说的。阿弥陀佛，是教化西方极乐世界一切众生的，所以阿弥陀佛，是西方极乐世界的教主。释迦牟尼佛，是教化我们这个娑婆世界一切众生的，所以释迦牟尼佛，是我们这个娑婆世界的教主。众生两个字，除了佛，都可以叫的。菩萨、缘觉、声闻、天道、人道、阿修罗道、畜生道、饿鬼道、地狱道，都是众生。但是这种说法，是普通的说法。这部经里头所说的其国众生，虽然也有天道、人道两种在里头，但是已经都成了菩萨、声闻的圣人了，决定没有凡夫在那里的。何况阿修罗、畜生、饿鬼、地狱四种恶趣么。阿修罗道，善恶夹杂的。所以有的时候，同了天道、人道，叫做三善道；有的时候,同了畜生、饿鬼、地狱,叫做四恶趣。恶趣两个字,同恶道差不多的意思。众苦两个字,有许多说法。有三苦、十苦、一百十苦,种种的分别。最普通说的,有八种苦。那是我们这个世界上的人,无论你富的贵的,都免不了的。第一种苦,叫生苦。就是一个人在娘肚里的时候,气闷得了不得。娘吃些热的东西下去,就像在火山旁边一样的热;娘吃些冷的东西下去,就像在冰山旁边一样的冷;娘吃得饱了,又像有一座山压下来一样的重。等到要生下地的时候,像是有两座山,把他夹住了,硬在这两座山中间钻出来。那些痛苦,都是说不尽的。所以小儿生下来,总是哭的,就是这个缘故。第二种苦,叫老苦。就是人到了老的时候苦恼得很。要看什么东西,眼光看不明白了;要听什么说话,耳朵听不清楚了;要吃什么东西,牙齿脱落了,咬不动了;要走到什么地方去玩玩,脚又没有力了,走不动了;冷起来,格外的怕冷;热起来,格外的怕热。交什么节气的时候,又要觉得腰酸背痛了。这种苦,哪里说得尽呢?第三种苦,叫病苦。生病是最公道的。那怕你富的贵的人,病起来,同了贫的贱的人一样的,要吃吃不下,要睡睡不着,要走走不动,肚里头种种的难过,浑身种种的不舒服。还要吃许多极苦的汤药。厉害的病,还要觉得痛得不得了，一日到夜，叫天叫地。到了这个时候，什么人能代替他呢？有一句俗语说得好，叫英雄独怕病来磨。这是真叫有法没用处的了。第四种苦，叫死苦。一个人到死的时候，伸手牵脚，扮鬼脸。看他种种的样子，就晓得这种苦，实在是不容易受的。要说话，舌根硬了，不好说了，或是神志不清楚了。或是人虽然清楚的，喉咙里被痰塞住了，说不出来了。要透气，气又逆了，透不转来了。浑身痛苦，四肢百节，处处像是硬把他拆开来一样的。要死又偏偏气不肯断，死不下去。看了自己家里头的人，真是心痛难熬。这样种种的苦，可惜人死了不会说话，所以人都不很晓得。第五种苦，叫爱别离苦。就是极恩爱的夫妻儿女，天天在一块儿，不肯离开一步的。或是为了求衣求食，要出门去了。或是碰到了刀、兵、水、旱，各种灾难，只得硬了心肠，各走各的路。那一种难分难舍的苦处，真是说不出，描不来的。又像要死的时候，那是不独是恩爱情重的人，要分别开了，就是平时最爱的东西，哪一样不要同他分开呢？所以人到了临死的时候，往往流下眼泪来，都是因为舍不得丢开的缘故。第六种苦，叫怨憎会苦。就是一个人，总有大家不要好的人，或是向来有怨仇的人，要来坏我的名誉，或是要来谋我的财产，或是要来伤我的性命。盼不得大家避避开，不要见面。哪里知道，又偏偏常要会着，逃也逃不过。会着了就会生出种种的烦恼来。这种事情，我们这个世界上，也很多的。第七种苦，叫求不得苦。就是要东不得东，要西不得西。譬如想要一件东西，或是盼望成功一件事情，或是要到一个地方去，或是要看见一个要好的人，偏偏都做不到，种种不能够称我的心。这种情形，那怕你有钱有势的人，也很多的。哪里都能够样样称心呢？第八种苦，叫五阴炽盛苦。五阴，也有叫做五蕴的，字眼尽管不同，意思是一样的。这是受苦的根。因为有这一种苦的根，所以就生出那前七种的苦来。什么叫五阴炽盛呢？这个阴字，就是遮盖的意思。有五种事情，遮盖了人本来有的灵性。弄得人的心里头，迷迷糊糊，造出种种的业来，受不尽的种种苦恼，所以叫他做五阴。那五种阴，第一种叫色。就是我们的身体，同了那种种有形象可以见得到的东西，都包括在色里头的。第二种叫受。就是一个人所受着的种种苦的、乐的境界。第三种叫想。就是心里头常常转着的种种好的、坏的乱念头。第四种叫行。就是心里头所转的乱念头，一个过去了，一个又起来了，接连着没有停歇的意思。第五种叫识。就是分别那种种东西，种种境界，这样好、那样坏的心。这五阴里头的识，实在同那十二因缘里头的识差不多的。因为有了这种五阴。使得一个人迷迷惑惑,颠颠倒倒,不明不白。就自然而然,不知不觉地生起那贪、瞋、痴三种坏心来了。起了这三种坏心,又倒转来著牢在这个五阴上边,像火碰着了干柴一样,就会烈烈烘烘的烧起来了。这炽盛两个字,本来是火势旺得厉害的意思。现在把他来比喻这五阴的迷惑人,像干柴引火一样,容易造出业来。这一世里造了业,到了下一世,又要受前边所说七种苦的报应。所以这八种苦,是循环报应,牵连不断的。诸乐两个字,是说种种的快乐。因为生到极乐世界去的人,不是从父母胞胎里头生出来的,是从莲花里头变化生出来的,自然生苦没有了。那个地方,没春、夏、秋、冬,永远温和,不会改变的。所以人也不会老,就没有老苦了。莲花里生出来的身体,不是血肉的身体,所以没有病苦。生到极乐世界去的人,就寿命无穷无尽,那末死苦也自然没有了。人都是从莲花里头生出来的,又是只有男子,没有妇女,所以都没有父母妻子的,哪里还有爱别离苦呢?住在一块儿的,都是菩萨、罗汉、上等的善人,哪里还有怨憎会苦呢?要食,食自然会来。要衣,衣自然会来。要什么,有什么。求不得苦,也自然没有了。心思都是很清净的,所看见的,听到的,都是叫人生出念佛的心来,哪里还会有五阴炽盛的苦呢?这样种种的苦,都没有,自然只觉得快乐了。况且还有下边所说的种种地方,种种东西,都是宝贝珍奇的,供给那些人享受,还不是很多的快乐么?像这样的快乐,自然应该叫极乐了。

这一段,是说生到了西方极乐世界去,就没有苦恼,只有快乐。

又舍利弗,极乐国土,七重栏楯,七重罗网,七重行树,皆是四宝,周匝围绕。

【解】 佛又叫舍利弗道,西方极乐世界,有一排一排的栏楯,总共有七重。一层一层的网络,也有七重。还有一行一行的树林,也总共有七重。这许多的栏杆、网络、树林,都是四种宝贝成功的。并且那四种宝贝成功的一重一重的栏杆,把一重一重的树林,四面围起来。那四种宝贝成功的一重一重的网络,也把一重一重的树林,遮盖起来,好看得很。

【释】　栏，是横的栏杆。楯，是直的栏杆。行树两个字，是说那些树林，都是一行一行，很整齐的意思。就是树上的枝叶花果，都是枝对枝，叶对叶，花对花，果对果，整整齐齐，一些不杂乱的。所说七重栏楯，七重罗网，七重行树，是一重栏杆围绕一行树林，一重网络遮盖一重树林，一重隔一重，总共有七重。都是排列得很整齐的。四宝，就是下边所说的金、银、琉璃、玻璨四种东西。琉璃，是一种青色的宝石。玻璨，有些像水晶的一种宝贝，并不是我们现在所用的玻璃。栏杆，也不像我们这个世界上是木做的，网络也不像我们这个世界上是线结的，那都是四种宝贝成功的。并且那些网络，虽然是四种宝贝成功的，但是很软的，像绵一样的，不像我们世界上的金、银、宝石都是很坚硬的。树林高的，有八千由旬。有些树，完全是金的，或是银的，或是琉璃的，或是玻璨的。有些树，树身是金的，枝叶是银的。有些树，树身是银的，枝叶是琉璃的，花果是玻璨的。有些树，树身是琉璃的，枝叶是玻璨的，花果是金银的。各色各样，种种的不同，各种的宝贝，还都会放出各种的光来，好看得很。在这些网络中间，还有比了天宫更加好看的宫殿，现出来。树上边的花里头，把这个极乐世界，所有种种的景象，同了佛的种种教导众生，菩萨等种种修行的情形，都会清清楚楚现出来的。那种种的好看，哪里形容得尽，讲论得完呢！不独是我们这个世界上，断断不会有的，并且我们这些人的心思里头，也断断料想不到的。

这一段，是说西方极乐世界，地面上的种种好处。

是故彼国名为极乐。

【解】　所以那西方的世界，叫做极乐世界。

【释】　这是总结一句，再说明白西方那个世界所以叫他极乐世界的缘故。

又舍利弗，极乐国土，有七宝池。八功德水，充满其中，池底纯以金沙布地。

【解】　佛又叫舍利弗道，西方极乐世界，不但是地面上，有像上边所说的种种好处，还有七种宝贝成功的水池哩。池里头有八种功德的水，很满很满的。池的底下，完全是金子的沙，铺满的。不像我们这个世界上的池，底下都是泥沙的。

【释】 池的四边，也不是砖石砌的，底下也不是泥沙的，都是像下边所说的金、银、琉璃、玻璃、砗磲、赤珠、玛瑙七种宝贝成功的。所以叫七宝池。砗磲，有些像白玉，有一条一条的纹路，像车轮的渠。渠，本来就是小沟。车渠，就是车轮在地上滚过的印子，像沟渠一样的。赤珠是红色的珠。玛瑙也是一种宝，形色像马的脑子。这种池，也像上边所说的树林一样的，有完全是金的。有底是金的，四边是银的。有底是金银的，四边是玻璃的。有底是琉璃、玻璃的，四边是砗磲、赤珠、玛瑙的。有底是琉璃、砗磲、玛瑙的，四边是金、银、赤珠、玻璃的。也是各色各样，都不相同的。这种宝贝，也都是可硬可软的。这种池，在西方极乐世界，是很多的。并且还是很大的。或是十由旬大，或是二十、三十由旬，直至一百、一千由旬大，差不多要像海一样大了。生在那西方极乐世界的人，可以随便在这些池里头洗澡的。并且池里头的水，要他热些，就会热些；要他冷些，就会冷些；要多些，就会多些；要少些，就会少些。只要一动念头，就会随了你的念头，使得你喜欢称心的。八功德，第一是澄净，就是澄清洁净没有一些冲激污秽的。第二是清冷,就是清净凉冷,没有一些浑浊烦燥的。第三是甘美,就是水的味道,觉得另有一种甜味,很好喝的。第四是轻软,就是水的性质,是轻浮柔软的。我们这个世界上的水,只会向下流。这种水,还会向上流的。第五是润泽,就是滋润滑泽,能够有益人的身心的。第六是安和,就是安宁和平,没有很大很急的波浪的,所以在这水里头洗澡,是很安稳舒服的。第七是除患,就是喝了这种水,不但是除去渴,并且还可以除去饿的。第八是增益,就是喝了这种水,或是在这种水里头洗了澡,可以加增人的善根,使得人人身体安乐,心思清净。有这样八种的好处,所以叫他做八功德水。并且池里头的这种水,永远是满的,永远不会干枯的;池底下没有一些泥土的,都是金沙铺满的。

这一段,是说西方极乐世界池里头水的种种好处。

四边阶道,金、银、琉璃、玻璃合成。上有楼阁,亦以金、银、琉璃、玻璃、砗磲、赤珠、玛瑙而严饰之。

【解】 池的四边,有阶沿,有道路,都是金、银、琉璃、玻璃四种宝贝合起来成功的。上面虚空里头,有楼有阁，也都是金、银、琉璃、玻璃、砗磲、赤珠、玛瑙七种宝贝，齐齐整整，装饰得很好看的。

【释】 池的四边，有阶沿道路。虚空里头，有楼阁。都是各种宝贝合成功的。可见得西方极乐世界，无论在水里头，地面上，虚空里，所有的东西，都不像我们这个世界上的东西都是泥土的，或是板木的，砖石的。并且这些阶沿道路、楼阁，也像前边树林一样的，或是一种宝贝成功的，或是二种、三种、四五六七种宝贝合成功的，都是齐整得很。若是生在那西方极乐世界的众生，道行高，功德大的，那末他们的楼阁，就会浮在虚空里头，随了他们的意思，要高就高，要低就低，要大就大，要小就小，不会落下来的。这种样的稀奇事情，我们这个世界上，做梦也梦不到哩。

这一段，是说阶道楼阁的好处。

池中莲华，大如车轮。青色青光，黄色黄光，赤色赤光，白色白光。微妙香洁。

【解】 池里头的莲花，都是很大的，有车轮盘一样的大。青色的莲花，会放出青色的光来；黄色的莲花，会放出黄色的光来;红色的莲花,会放出红色的光来;白色的莲花,会放出白色的光来。并且这种莲花,都是很好、很香、很洁净的。

【释】 莲花在我们这个世界上,本来也算是一种最清洁的花。讲到西方极乐世界的莲花,那是更加稀奇了。所说同车轮盘一样的大,要晓得不是我们现在所看见的各种车轮。照《观无量寿佛经》上说起来,《观无量寿佛经》,是说观想的方法的,就是用心想念西方极乐世界的种种景象,同了阿弥陀佛、观世音菩萨、大势至菩萨的身相,还有九品往生的各种情形,心里要想得清清楚楚,好像是眼睛里看见的一样,这叫做观想。○九品往生,下边会详细讲明白的。西方极乐世界池里头的莲花,团团圆圆,有十二由旬大。那就是一朵花,有四百八十里的大了。照《无量寿经》上说起来,《无量寿经》也叫《阿弥陀经》,是说阿弥陀佛在做菩萨修行的时候,发各种大愿心,修种种的功德,庄严成功这一个极乐世界,后来成了佛,就照自己的愿心,接引十方世界念佛的众生,都生到他的极乐世界去的经名。○庄严两个字,很不容易用白话来解释。大概庄字,是端正的意思;严字,是整齐恭敬的意思。端正自己的心,恭敬佛说的法,所以叫庄严。若是照平常的解释,差不多有装饰整齐的意思。西方极乐世界池里头的莲花,大小很是不同的。有的是一由旬大，有的竟然有一百由旬，或是一千由旬的大。可见得所说的大如车轮，不是像我们现在所看见的车轮了。照《华严疏钞》里头的说法，《华严疏钞》，是一种解释《华严经》的书名。金轮王的车轮，就有一由旬大。金轮王，也是人世界上的国王，不过他有大得不得了的威权势力，能够统管这东、南、西、北四洲的。还有银轮王，能够管三洲。铜轮王，能够管二洲。铁轮王，能够管一洲，就是管我们这南赡部洲。这四种轮王，现在都没有了。因为现在是减劫的时候，所以没有这样有威权势力的轮王。○减劫，是人的寿命一岁一岁减少的时代。下边解释无量无边阿僧祇劫一句里头，会详细说明白的。所以这车轮的大小。实在不能够说一定的。看了《观无量寿佛经》，同了《无量寿经》，所说莲花的大小，就可以晓得这车轮的大小了。一朵莲花，有几百几千亿的花瓣，也都是七种宝贝成功的。有些花，一朵一种颜色，就放出一种颜色的光来。有些花，一朵就有无穷无尽种种的颜色，就放出无穷无尽种种的光来。并且每一种光里头，又会现出无穷无尽的佛来。这些佛，又各各讲说种种的佛法，给他们自己世界里头的众生听。我们这个世界上的人，若是有发心念佛的，那西方极乐世界的七宝池里头，就会生出一朵莲花来的。有十个人念佛，就会生出十朵莲花来。有百千万亿个人念佛，就会生出百千万亿朵莲花来。念佛的人,越念越高兴,越念越诚心,那末这朵莲花,就会一天光明一天,一天鲜艳一天。到了这个念佛的人,差不多要死的时候,阿弥陀佛,同了观世音菩萨、大势至菩萨,就拿了这朵莲花来,接引这个人到西方极乐世界去。到了西方极乐世界,这个念佛的人,就在这朵莲花里头生出来了。一生出来,就同那些先在西方极乐世界的人一个样子。不像我们这个世界上的人,是爹娘生的,要慢慢地长大起来的。但是念佛的人,倘然起初念佛的心,是很勤恳切实的,念到后来,念佛的心渐渐地退下来了,那末这朵莲花,就会渐渐的干枯了。发出来的光,也就会渐渐的不鲜明了。若是竟然不念佛了,那末这朵莲花,也就会消灭没有了。还有一层,生在这种莲花里头的人,还有许多品级哩。大略说起来,有九品。叫上品上生、上品中生、上品下生、中品上生、中品中生、中品下生、下品上生、下品中生、下品下生。这是看念佛人功夫的浅深,道行的高下定的。功夫很深的,道行很高的,那末到了西方极乐世界去,就是上品上生。功夫不很深的,道行不很高的,品级也就渐渐地低下来了。上品上生的,一到西方极乐世界,那莲花立刻就会开的。就可以看见佛,听佛说法。若是下品下生的人,那莲花开的日期就很长久了。莲花开的期限,在下边修行方法解释第二种回向偈里头,会详细说明白的。所以我们修行人,总要多念佛,多做种种的善事,将来可以盼望到上品上生。微妙香洁的微字,细讲起来,说头很多的。大略说说,微字有微细的意思。因为这种莲花,每一张花叶上,有八万四千条的纹路,所以说它微细。还有精巧的意思。因为这种莲花,都是宝贝成功的,所以说他精巧。妙字,就是好字的意思。香字,因为西方极乐世界的莲花,是香得很的。洁字,就是洁净的意思。

这一段是说西方极乐世界莲花的种种好处。

舍利弗,极乐国土,成就如是功德庄严。

【解】 佛又叫舍利弗道,西方极乐世界,像上边所说的栏楯、罗网、行树、宝池、楼阁、莲花,种种整齐得很的,装饰得非常好看,都是阿弥陀佛的功德所成功的。

【释】 如是两个字。指上边的栏楯、罗网、行树、七宝池、八功德水、阶道、楼阁、莲花等各种东西。阿弥陀佛发的四十八个大愿心里头,有一个愿说道,我若是成了佛,我的国里头,从地上起,一直到虚空里头,所有的宫殿、楼阁、池水、花、树，一切东西，都是无数的宝贝装饰成功的。倘然不是这样的，我就不愿成佛。还有一个愿说道，我若是成了佛。凡是要生到我国里来的众生。都在七宝池里边的莲花里头生出来的。阿弥陀佛发了这样各种的大愿心后，就切切实实地修福修慧。修了不晓得几千万万年，化导了无数的众生，教他们大家发起修道的心来。因为阿弥陀佛积了这样无穷无尽的大功德，才能够成了佛，满了起初发的大愿心。所以说西方极乐世界种种的好处，都是阿弥陀佛的功德成功的。

这两句，是总结上边所说西方极乐世界种种的好处所以成功的缘故。

又舍利弗，彼佛国土，常作天乐。

【解】 佛又叫舍利弗道，西方极乐世界，常常作天上边很好听的各种音乐。

【释】 常作两个字，就是常常作的，没有停歇的。天乐两个字，是说这种音乐，非常的好听，只有天上有的，不是我们人的世界上所能够有的。并且这些音乐的器具，都是浮在虚空里头，不会落下来的。也不要人去吹，不要人去弹，自然而然会发出百千万种很好听的声音来的。念佛的人,临终的时候,虚空里头,有天乐来迎接。就因为西方极乐世界,本来常常有这种音乐的缘故。

这两句,是说西方极乐世界有这样好的音乐。

黄金为地。

【解】 地是黄金的,不是泥土的。

【释】 上面的天,常常有很好听的音乐。下面的地,又全是黄金的,非常的清净。不像我们这个世界,是泥土的地,很污秽的。并且那种黄金,是很和软的,不是坚硬的。地面虽然说是黄金的,却还有各种的宝贝,镶在里头,光亮得很。还有一种最好的情形,是西方极乐世界的地,又宽又大,又平又正,没有高低的地方,也没有黑暗的地方。不像我们这个世界上的地,高的有山,低的有坑,高高低低,很不平的。并且还有刺人的荆棘。有刺的小树。到了夜间,就很黑暗了。这是因为我们这些人,都是贪心不足,不能够平心。所以地也不平的。

这一句,是说西方极乐世界地的好处。

昼夜六时，雨天曼陀罗华。

【解】 昼夜六时，就是佛经里头常常说的初日分、中日分、后日分，分字，读做份字音，就是把日里头的时候，分做三份。初日分，就是早晨。中日分，就是中午。后日分，就是下午。初夜分、中夜分、后夜分。把夜里头的时候，也分做三份。初夜分，就是黄昏。中夜分，就是半夜。后夜分，就是四五更天的时候。也就是日间六个时辰，夜间六个时辰。天上常常不停歇地落花下来。这种花，叫曼陀罗花。很香很好看的。

【释】 西方极乐世界，没有日的，也没有月的。那里的亮光，不是靠日月发出来的，是自然而然有的。所以不像我们这个世界，日出来了，就算是日间；日落下去了，就算是夜间。那西方极乐世界，是花开了、鸟飞了，就算是日间；花合了、鸟停止不飞了，就算是夜间的。昼字，就是日里头的意思。日里头是三份时候，夜里头也是三份时候。不像我们中国的计算时候，一日一夜，总是分十二个时辰的。佛经里头，分做六份，差不多每一份要合着我们中国的两个时辰。无论在什么时候。天上常常不停歇地落花下来。雨字，就是落的意思。曼陀罗，是花名，翻译起中国文来，就是适意的意思。因为人看见了这种花，心里头很快乐的。又因为这种曼陀罗花，是天上落下来的，所以叫他作天曼陀罗花。这种花的香味，也是很稀奇的，不是我们人的世界上所有的。这些花，不消长久的时候，先落下来的，就化去了，没有了。后落下来的，又遍地都是了。日里头三份时候，夜里头三份时候，常常落下来，就常常化去没有了。还有一层必须要晓得的，西方极乐世界一昼一夜，要抵我们这个世界上的一劫哩。

这两句，是说西方极乐世界，常常有很好的天花落下来。

其土众生，常以清旦，各以衣裓，盛众妙华，供养他方十万亿佛。即以食时，还到本国。

【解】 生在西方极乐世界的众生，常常在清早的时候，各人都把他们的衣襟，装了许多很好的花，拿出去供养各方世界的许多佛。所供养的佛，有十万亿的多。他们清早去的，到吃饭的时候，已经回到自己本来住的西方极乐世界来了。

　　【释】　清旦，就是清早。衣裓，就是衣服的襟，有人说就是装花的器具。他方，指西方极乐世界以外的各方世界。有一个大千世界，就有一尊佛。现在说十万亿佛，就有十万亿个大千世界。食时，就是吃饭的时候。从清早到吃饭，时间是很短的。十万亿个佛土，路是很远的。供养十万亿佛，佛又是很多的。他们怎么会这样地快，来得及回到本国极乐世界呢？这有一个缘故的。仙人已经有五种神通了，已经很可以逍遥自在了，何况生到西方极乐世界去的人呢。自然他们的神通，比了仙人，更加高得不能够说了。有一句话，叫做五通仙人，六通罗汉。那六通，就是天眼通、天耳通、他心通、宿命通、神足通、漏尽通六种。但是得到这样各种神通的，都有大小的分别，独有生到西方极乐世界去的人，靠了阿弥陀佛的愿力，所以他们的神通，比了平常罗汉的神通还要大。天眼通，是无论日间夜间，无论远到几千万亿里的路、几千万亿的世界，无论有多少的大山隔着，没有一些儿看不见的。就是极黑暗的地方，也可以清清楚楚，看得见的。不像我们这个世界上的凡夫，有了一张纸，一道墙，遮隔断了我们的眼光，或是到了夜间，或是没有亮光的地方，就一些看不见了。

天耳通，是无论远到几千万亿里的路、几千万亿的世界，无论很轻很小的声音，没有听不见的。连心里头起念头的声相，也都会听见的。声相，是声音的相貌。就是苦声、乐声、悲声、欢声等种种不同的相。起念头也有声相，不曾读过佛经的人，听见了这句话，一定是要疑惑的。要晓得世界上所有一切的相，完全是自己的心造出来的。所以都在心里头，没有在心外面的。起念头虽然说是妄心，实在也就是真心的作用。一个人不起念头便罢，若是起了念头，就不但是有声音，并且也有色的。我说出一个道理来，大家就可以明白了。譬如我们用心想一个人的形状，或是一处地方的景致，只要心里头记得清楚，那个念头一动，就仿佛在眼面前现出来，明明白白地看见了。这不是从念头里现出形色来的证据吗？再像我们念佛的人，静坐了，心里头默念，耳朵里就觉得清清楚楚的听得这一句佛号声音，这不是从念头里发出声音来的证据么？所以一个人，不正当的念头，万万不可以起的，起了念头，佛菩萨就都会听到的。〇妄心，就是虚的假的心。不是一个人原有的真实心、清净心。作用，就是拿他来用的意思。不像我们这个世界上的凡夫，但不过能够听见极近地方的声音，同了大一些的声音，若是稍稍远一些，或是轻一些，就听不清楚了。他心通，是无论什么人心里头的念头，没有不晓得的。无论什么书，不消读过看过，那书里头所说的种种事情，种种道理，都会晓得明白的。不识字的人，也自然都会识字了。不像我们这个世界上的凡夫，旁人的念头，无论父子夫妻，最是恩爱的人，也不会晓得的。宿命通，是无论自己的、旁人的事情，无论这一世的、前一世、前十世、前千万亿世的事情，都会晓得的。不像我们这个世界上的凡夫，自己小时候的事情，也都忘记了，哪里还会晓得前世的事情呢？神足通，是只消动一动念头的时候，十方无穷无尽的世界，就都可以一齐同到，并且一些不吃力，一些不烦难，高山大海，都不会阻隔他的。不像我们这个世界上的凡夫，就是极强健的，常常走路走惯的人，也不过一天走了一百里路罢了。若是碰到了高山大海，就被它隔住了，不能够过去了。或是有了大风、大雨、大雪，也就不好走了。这就叫做五通。加上了一个漏尽通，就叫六通。什么叫做漏尽通呢？先讲一个漏字。譬如一个破的瓶，装了水进去，就都要漏出来的。人有了贪、瞋、痴等种种的烦恼，他的念头，就都被这些烦恼牵了去，造出种种的业来，守不定自己的心，就像漏的东西一样。漏尽，就是这种漏的坏处，完全没有了。把贪、瞋、痴等种种的烦恼，一齐去得清清净净，一些也没有了。因为这样，就得着了种种神通，所以叫做漏尽通。现在经里头说的清早出去，供养他方十万亿佛，只消到吃饭时候，就可以回来,这就是得了神足通的缘故。实在西方极乐世界的人,没有一个不是完全得到这六种神通的。不过这部经里头,只说到了一种神足通,还有的五种神通,都没有提起罢了。

这一段,是说西方极乐世界。有天乐、天花等种种的好处。生到那里去的众生,都有神足通的神通。

饭食,经行。

【解】 从他方十万亿个世界,回来了,就吃饭。吃过了饭,就在佛前各处地方,周围绕转地走。显明白他们听见了佛法,心里头欢喜愿意,依照所说的方法,去修行的意思。

【释】 饭字,读做反字音。食字,读做嗣字音。这两个字,就是吃饭的意思。那西方极乐世界,譬如想要吃了,那些吃的东西,自然会到面前来的。想要吃什么,就自然有什么。也不要用钱去买,也不要用人去烧,并且味道都是非常鲜的。甜酸咸淡,没有不随各人的意思的。要吃多少,就自然会来多少。也不会多,也不会少。装东西的碗盏,想用金银的,金银的碗盏就自然会来;想用珠宝的,珠宝的碗盏就自然会来。吃过了,就自然会化去的。等到下次要的时候,又会来了。也不要人去收拾的。不吃也不会饥饿,多吃也不会饱胀。吃了下去,也没有渣滓存留在肚里头,所以也没有大小便。讲到实在,西方极乐世界的人,只消看见了各种吃的东西的颜色,或是闻着了各种吃的东西的香味,肚子里也就觉得饱满适意了,不必要真正去吃的。我们这个世界上,有这种好事情么?并且我们这些人,吃饱了,就想睡觉,或是去做种种烦恼的事情。那西方极乐世界的人,吃过了,就在各处散散步,逍遥自在,真是快乐。经行的经字,是围绕的意思。就是在佛的各宝池、各行树边,周围绕转,一圈一圈盘旋的意思。

　　这一句,是说西方极乐世界逍遥自在的景象。

　　舍利弗,极乐国土,成就如是功德庄严。

　　【解】 佛又叫舍利弗道,西方极乐世界,像上边所说的,常作天乐,黄金为地,雨天曼陀罗花,同了众生都有神足通等种种的好处,都是阿弥陀佛的功德所成功的。

【释】 这两句经,同前边一样的,解释也是一样的。但是这一段里头的如是两个字,是指常作天乐、黄金为地、雨天曼陀罗华,同了众生都有神足通的种种功德。因为阿弥陀佛四十八个大愿心里头,有一个愿说道,我若是成了佛,从地上起,都是无穷无尽的宝贝,同了几百几千种的香,合并成功的。又有一个愿说道,我若是成了佛,十方无穷无尽的世界,无论天上的人,或是地上的人,听得了我的名号,就都点种种的灯,散种种的花,来供养我,还做种种的善事,虽然只不过做一天一夜,也必定能够生到我的国里头去的。又有一个愿说道,我若是成了佛,我国里头的菩萨,拿了香花等种种供养的东西,要到各方世界去,供养许多的佛,只消吃一顿饭的时候,就可以各方世界一齐同到。又有一个愿说道,我若是成了佛,我国里头的人,要吃的时候,在这种宝贝的钵盂里头,几百种味道的东西都会化出来,现到面前来的,吃过了,又自然会化去的。因为阿弥陀佛发了这样种种的大愿心,才成功了佛,可见得阿弥陀佛功德的大。所以西方极乐世界,有这样的好处,都是阿弥陀佛的功德成功的。

这两句,又是总结上边所说西方极乐世界种种的好处。

复次舍利弗,彼国常有种种奇妙杂色之鸟。白鹤、孔雀、鹦鹉、舍利、迦陵频伽、共命之鸟。是诸众鸟,昼夜六时,出和雅音。其音演畅五根、五力、七菩提分、八圣道分,如是等法。

【解】 佛又说道,舍利弗,那西方极乐世界,还常常有各色各样,稀稀奇奇,很可爱,很好看的鸟。像白鹤、孔雀、鹦鹉、舍利、舍利,是梵语,我们中国叫鹡鸰,也叫百舌鸟。迦陵频伽、这也是梵语,翻译我们中国话,迦陵是好,频伽是声音,所以叫做好声鸟。共命是两个头,两个心识,合一个身体的鸟。心识,就是识,也有叫识神的。在十二因缘、五阴炽盛里头,都讲明白过的。等种种的鸟。这许多鸟,日间三份时候,夜间三份时候,不停歇地发出又和平、又雅致的声音来。他们这种声音里头,都是演说宣布那五根、五力、七菩提分、八圣道分,等种种的方法。这四种名目,下边一段解释里头,会详详细细讲明白的。

【释】 复次两个字,是再讲明白佛说的意思。佛又告诉舍利弗,你知道么,西方极乐世界那里,还常常有各种奇妙杂色的鸟。奇妙两个字,说不是平常所有的,很稀奇,很好看的。杂色两个字,说鸟的颜色,多得很;鸟的种类,也多得很。提出几种来说说,有白鹤、孔雀、鹦鹉、舍利、迦陵频伽、共命等各种的鸟。白鹤、孔雀、鹦鹉、舍利四种鸟,我们这个世界上,也还有的。迦陵频伽、共命两种鸟,在印度从前还有的。不过也很稀奇,不是常常有的。我们这个世界上的鸟,只有日间会叫。西方极乐世界的鸟,那是日间夜间,总共六份时候,常常不停歇叫的。叫起来的声音,又是很温和的,一些也不粗暴;很雅致的,一些也不蠢俗。听了他们很温和的声音,自然心里头和平快乐得了不得;听了他们很雅致的声音,自然心里头清净文雅得了不得。不独是这些好处,他们这些鸟所发出来的声音,还可以演说出许多佛法来哩。演字,有形容的意思。因为许多佛法的道理很深的,把他形容出来,才会明白。畅字,有宣扬、疏通两种的意思。因为许多佛法的道理,是很细的,把他宣扬、疏通地演讲出来,才可以使得这种道理,完全显明白。五根的根字,是根本的意思。因为这五种法,是生出各种善法的根本,所以叫五根。五种根,第一种是信根,就是能够切实相信各种真正的道理。这一种根,是五种根的总根。还有四种根,都是从这一种总的根里头发生出来的。第二种是进根，也叫动根。因为既然相信了，就应该勤勤恳恳，没有停歇地向上用功。第三种是念根，常常想念这些真正的道理。第四种是定根，就是要使得这个心，著牢在这些真正的道理上，不放这个心，散到旁的地方去。第五种是慧根。既然不放这个心，散到旁的地方去，心就不散乱了；心不散乱，就会生出智慧来了；有了智慧，就会分别邪正，决定是非了。有了这五种根，自然会一心一意地走到真正的道理里头去了。五力的力字，就是力量、功用的意思。功用，是益处、用处的意思。前边的五根，慢慢地增加长大起来，就会有很大的力量功用了。第一种是信力。上边所说的信根，增加长大起来，有大力量，大功用。可以破除疑惑，不被疑惑所摇动了；可以抵制邪魔，魔，是很有力量的一种邪鬼，专门反对佛法、破坏佛法的，所以叫做邪魔。不被邪魔所迷乱了；可以消除烦恼，不被烦恼所扰害了。这一种信力，同了五根里头的信根，是一样的，也是一种总的力。还有四种力，也都是从这一种总的力里头发生出来的。第二种是进力。进根增加长大起来，有大力量，大功用，会破种种的懒惰心，成功出世的种种事业。出世两个字，是跳出这个三界的意思，再不受生生死死的苦了。第三种是念力。念根增加长大起来，有大力量，大功用,可以破除种种的邪念头,成功一切出世的正当念头。第四种是定力。定根增加长大起来,有大力量,大功用,可以消除一切杂乱的念头,使得这一个心,可以安安定定。第五种是慧力。慧根增加长大起来,有大力量,大功用,可以破除一切迷惑,可以断绝一切不中不正的种种固执的见解。菩提两个字,也可以当做中国的一个道字解释。所以发信道的心,就可以叫做发菩提心。还有觉悟的意思。分字,是一份一份的意思。七菩提分,也有叫做七觉支的。支字,就同份字一样的意思。觉字,又有智慧的意思。因为有了前边的五根同了五力,所以得到这七种的觉悟。这七种觉悟,第一种是择法。就是能够用了智慧,去辨别各种法的真假。第二种是精进。就是能够用了智慧,明白真正的道理,不去浪费精神,在那没有益处的事情上。第三种是喜。就是能够用了智慧,得到了真正的好方法,才生出欢喜心来。第四种是除。就是能够用了智慧,去断除种种的烦恼,不放这些烦恼,害着真正的善根。第五种是舍。就是能够用了智慧,舍去一切虚的假的事情,永远不去想念他。第六种是定。就是能够用了智慧,晓得在定心里头,所得到的各种境界,都是虚的假的,不生出爱惜保守的心来。第七种是念。就是能够用了智慧,使得这

个定根定力，同了慧根慧力两边，常常均平，没有高低。因为
这个心，若是偏在这定的一边了，恐怕要沉没下去。就应该
用择、进、喜、三种法，把这个心提起来。若是这个心偏在慧
的一边了，恐怕要浮散开去。就应该用除、舍、定三种法，把
这个心伏下去。这个念头，常常要放在禅定同了智慧的上
边，禅定、智慧，前边解释皆是大阿罗汉一句里头，都已经讲明白过的。
使得两面平均，不可以稍有一些些偏的。八圣道分，也叫做
八正道分。第一是正见。就是实在见到了四谛真正的道理，
四谛两个字，在前边解释皆是大阿罗汉一句里头，已经讲明白过的。
一些也没有差误。所以叫做正见。这一种是下边七种的主
脑。第二是正思惟。就是既然见到了四谛真正的道理，就专
心在这个真道理上，转念头，用功夫，没有一些邪念。使得真
正的智慧，增加长大起来，可以盼望得到不生不灭真正的地
位。第三是正语。就是不独是心里头没有邪的念头，还要用
真正的智慧来修口四业，不说一切不合道理的话。第四是正
业。就是除灭身体上的一切邪业。使得这个身体，常常很清
净，一些没有不正当的事业。第五是正命。就是把身业、口
业、意业三种，完全地消除得清清净净。不可以因为爱惜自
己的性命，在这身、口、意上边，造出业来。第六是正精进。

就是勤勤恳恳，一直向那自己原有的不生不灭的真性上修去。真性两个字，上边解释佛说阿弥陀经一句里头，已经说明白过的。第七是正念。就是专心想念本来所修的道理，没有一些旁的念头。第八是正定。就是把这个心，常常安住在这个本来所修的道理上边，一些没有摇动。这个八种法，就叫做八正道。因为一些没有偏，一些没有邪的，所以叫做正。照了这八种法修起来，就可以免脱生死。这是修行最正当的方法，所以叫做道。如是等法四个字，是说有这样的许多法。说到一个等字，就见得还不独是五根、五力、七菩提分、八圣道分二十五种法。一定还有没有说出来的法，包括在这一个等字里头。有什么法没有说出来呢？就是四念处、四正勤、四如意足十二种法。连了上边的五根、五力、七菩提分、八圣道分二十五种，总共有三十七种法，就叫做三十七道品。品字，同了种字、类字差不多的意思。譬如说三十七种，三十七类，都可以的。加上一个道字，因为这些法，都是跳出生死关的正道理，所以叫做道品。什么叫四念处呢？第一是身念处。就是要看一个人的身体，种种的污秽不洁净。不要说死了烂了，都变成了脓浆，就是活的人，也全靠了一层皮包住了，那里边就都是臭得很的脓血屎尿了，污秽不污秽呢？所以要常常想念这个身体，是不洁净的。第二是受念处。就是要看一个人所受着的，没有一样不是很苦的。大略说说，已经有像前边说过的八种苦了。若是仔细说起来，就说也说不尽了。所以要常常想念一个人在这个世界上，所受着的，没有不苦恼的。第三是心念处。心有几种的心。一种是肉团心。就是人身体里头心肝的心，那是一团肉块，没有知觉灵性的。一种是缘虑心，缘，是攀住的意思。虑，是分别的意思。缘虑心，实在也就是十二因缘，同了五阴炽盛里头的识。就是我们现在用它来分别各种境界的心。一种是真实心。那是一切众生的本体，真实心同了本体两种名目，在前边解释佛说阿弥陀经一句里头，已经详细讲明白过的。永远不会改变的。现在所说心念处的心，是这三种里头的第二种缘虑心。一个人对了外边的各种境界，就生出种种的心来分别它。一个心去了，一个心又来，时时刻刻变的。境界过了，那个分别的心，也就消灭了。同了那云里头的电光一样，亮一亮就暗的。所以一个人，应该要常常想念这个心，是虚假的。不可以错认这个心，当他是真实心，说是永远不变的。第四是法念处。法字，在前边解释佛说阿弥陀经一句里头，已经详细说过的。我们人都坏在这一个我字，因为个个人都知道有这个我，所以就生出种种的心来，造出种种的业来，一世一世在六道轮回里头，六道轮回，是这一世生在这一道，下一世生在那一道，总在这六道里头转来转去，像车轮盘这样地转，永远转不出去，所以叫做轮回。**冤冤枉枉，受这生死的苦。现在不去讲别种的法，单讲这一种五阴法。**就是上边讲过的色、受、想、行、识的五种，问你这个我在什么地方。在色里头么？色里头并没有我。在受里头么？受里头也没有我。为什么说没有我呢？要晓得一切有形色的，都是自己心里头变出来的相，那完全是空的假的。虽然变了出来，终究还是要消灭的。就讲一个人的身体，大家总说是我，是我的，到死了后来，这身体上的知觉没有了，还可以说是我么？再过了几时，皮肉骨头都烂完了，还可以说是我的么？若然真是我，或者真是我的，那么我自己就可以做得主了。为什么这个身体，不要他生病，偏要生病；不要他死，偏要死呢？既然自己一些也做不来主，怎么能够说是我，说是我的呢？**身体是色法。**色，是有形相可以看得见的，那身体就是有形相看得见的东西。法，是有名目可以叫得出的。那身体既然有形相可以看得见，就自然有名目可以叫得出了。所以身体叫色法。**身体既然不能够说是我，不能够说是我的，那末就是色法里头，没有我了。受、想、行、识、四种，是心法。**受、想、行、识四种，都是在心上发生出来的事情，并且都是有名目可以

069

叫得出的,所以叫心法。都是因为有了这个色法,才有的。色法尚且不能够说是我,不能够说是我的,何况再从色法上生出来的心法呢,那一定更加没有我了。佛经里头所说的法无我,就是这个意思。所以一个人,应该要常常想念这个法,也是空的假的,不可以认做真实的。念处两个字的意思,就是应该想念的地方。能够这样的想念,自然会渐渐地合到正当的道理上去了。四正勤,是哪四种呢? 第一是已生恶,令断。就是所有已经生出来的恶法,一心要把它除断,不许它留着一些。第二是未生恶,不令生。就是恶法虽然现在没有生出来,但是将来恐怕要生。所以要预先一心的防住它,不许有一些的恶法生出来。第三是未生善,令生。就是善法现在还没有生出来,就要一心的修,一定要叫它生出来。第四是已生善,令增长。就是善法已经生出来的,还是要一心的修,要使它渐渐地增加长大起来。这四种,都叫做正勤。因为能够破种种的邪道,在正当的道理上,勤勤恳恳修行的缘故。四如意足的如意两个字,是称心的意思。足字,是满足的意思。这四种,都是讲定力的。因为四念处,是修实在的智慧。四正勤,是修正当的上进功夫。但是在定力上,还差一些。修了这四如意足,就加添了定力,可以收束心思,不放它散动。

那末智慧同了定力，就均平了。智慧定力既然均平了，就能够断除三界里头的一切烦恼。所有各种的愿心，都可以称心如意，完全满足了。这四如意足，第一是欲如意足。欲，是喜欢同希望的一种心念。第二是心如意足。这个心字，同了念字的意思是一样的，就是说一心记念所修的善法，不放它忘记。所以也有叫念如意足的。第三是勤如意足，也有叫进如意足的，意思是一样的。第四是慧如意足。勤同了慧，上边都讲过了的。从这个欲、心、勤、慧的四种上，把那散动的心，收束定了。依靠了这个定力，往往能够得到身如意通，就是上边所说六神通里头的一种神足通。因为得了这种神通，就能够称自己的心，不论怎样的远，没有不能够到的，并且没有一些东西能够阻碍他的，所以叫身如意通。就叫做四如意足。也叫四神足。讲起修这三十七道品的次序来，那是听得了法，听法叫做闻慧。闻，就是听得。慧，就是智慧。因为听了法，就能够生出智慧来的缘故。先应该想念它的道理。这叫做思慧。思字，是用心想念的意思。用心想念，也能够生出智慧来的。所以先是念处。既经想念了，就应该勤勤恳恳地修。这叫做修慧。修种种佛法，都能够生出智慧来的。所以念处的后边，就是正勤。能够勤勤恳恳地修，自然心思也不会散开来了。所以正勤的后边，就是如意足。心既然有了定力,就同树木一样地生了根了。所以如意足的后边,就是五根。根既然坚固了,一定能够长大起来,所以就有五力。有了这个根力,方才能够用真实的智慧,去分别一切的法,所以有这种七菩提分。把一切法的邪正,都分别清楚了,那就可以在正当的道理上去做了,所以最后就是八圣道分。从四正勤起,一直到八圣道分,所说的都是修慧。西方极乐世界的鸟,都会说出这样种种的法来,奇怪不奇怪呢?这上边所讲的三十七道品,都是讲修道的方法,不很容易明白的。看了能够懂,自然最好,若是看不懂,尽管看下去,可以不必去理会它。

这一段,是说西方极乐世界的鸟,也都会说法的。

其土众生,闻是音已,皆悉念佛、念法、念僧。

【解】 西方极乐世界的众生,听过了这许多鸟说那种种修行方法的声音后,就大家动了心,都想念佛宝,想念佛所说的法宝,想念依了佛法修行的僧宝了。

【释】 听了西方极乐世界鸟的声音,倘然没有什么益处,那是同听了我们这个世界上凡鸟的声音一样了。那西方极乐世界的众生，听了这些鸟所发出来的声音，都是说的种种法。所以听过了，就都想念起佛宝、法宝、僧宝来了。所说的佛，不一定是要真正的佛身。就是木雕的、泥塑的、纸画的，看了都要同真佛一样的敬重。因为佛从无穷无尽的劫数，为了要度脱我们这些苦恼的众生，用极苦的功夫修行，才圆满成了佛。人若是皈依了佛，就可以免脱堕落三恶道的苦，所以叫做佛宝。法，就是讲佛法的经，或是咒，都叫法宝。因为人总是受贪、瞋、痴三种毒的苦。生生死死，受无穷无尽的苦报。佛所说的经，都是劝人断除贪、瞋、痴三种生死的苦根。人若是皈依了法，也可以免脱堕落三恶道的苦，并且还可以加增说不尽的智慧，所以叫做法宝。僧，就是比丘、比丘尼、沙弥，出家受十戒的男子。沙弥尼出家受十戒的女子。这些出家人。佛法全靠僧人流传，使得佛法不至于消灭。人若是皈依了僧，也可以免脱堕落三恶道的苦，所以叫做僧宝。这佛、法、僧三宝。我们都要尊重他们，恭敬他们的，所以叫做三宝。皈依佛的皈字，同了归字一样的。就是把我的性命归托他。依字，是把我的性命依靠他。我们念起佛号来，头上都有南无两个字，是梵语，实在就是皈依的意思。

这三句,是说听了鸟的声音,有这样的好处。

舍利弗,汝勿谓此鸟,实是罪报所生。所以者何? 彼佛国土,无三恶道。舍利弗,其佛国土,尚无恶道之名,何况有实。是诸众鸟,皆是阿弥陀佛欲令法音宣流,变化所作。

【解】 佛又叫舍利弗道,你不可以说这些鸟,是因为做人的时候造了罪,所以受这种投做畜生的苦报应的。为什么不可以这样说呢? 因为那西方极乐世界,没有畜生、饿鬼、地狱三种恶道的。舍利弗,那西方极乐世界,恶道的名目尚且没有,何况实在的恶道,那是更加不会有了。这许多的鸟,都是阿弥陀佛,要使得佛法的声音宣布出来,流通开来,所以变化出来的。

【释】 造了罪,就有苦报,这是一定的道理。西方极乐世界,若是还有受苦报的畜生生在那里,那末怎么可以说是极乐呢? 怎么可以说无有众苦呢? 所以这些鸟,不可以说他们是受苦报的畜生。因为阿弥陀佛四十八个大愿里头,有一个愿说道,我若是成了佛,我的国里边,没有不善的名目听见的。若是不能够满我的愿,我就不愿成佛。那末不善的名目,尚且不会听到,哪里还会有不善的事情呢?又有一个愿说道,我若是成了佛,我的国里边,若是有畜生、饿鬼、地狱,我就不愿成佛。所以西方极乐世界,若是真有了畜生,那不是阿弥陀佛的本愿心就没有圆满了么?所以这种恶道,在西方极乐世界,不但是眼睛所看不到,也是耳朵所听不到的。但是既然没有恶道,究竟这些鸟,是哪里来的呢?这都是佛变化出来的。佛要这种种的法音,法音,就是说佛法的声音。宣布流通,遍满在他的国里头,所以变化出这些鸟来说法。才可以使得生在西方极乐世界的众生,没有一个地方,没有一个时候不听到佛法。这是佛的大神通、大力量才能够做到这种地步。实在这些鸟,完全就是阿弥陀佛的神通智慧,不可以真的把他当做鸟看待的。若是真把他当做鸟看,就同了经的意思违背了。因为经上明明说这许多的鸟,都是阿弥陀佛要使得法音宣布流通,所以变化出来的。倘然不是阿弥陀佛变化出来的,那末同了寻常的鸟,差不多的了,哪里会说这种种的法呢!

　　这一段,是说西方极乐世界没有恶道的。

舍利弗,彼佛国土,微风吹动诸宝行树,及宝罗网,出微妙音。譬如百千种乐,同时俱作。闻是音者,自然皆生念佛、念法、念僧之心。

　　【解】　佛又叫舍利弗道,西方极乐世界,有微细轻和的风,吹动了这许多宝贝成功的树林,同了宝贝成功的网络。这些树林,同了网络里头,就会发出很细很好的声音来的。这种声音,非常的好听,像有几百几千种的乐器,同在一个时候,一齐吹弹起来。听到了这种声音的人,自然而然地都会生出想念佛、想念法、想念僧的心来了。

　　【释】　微风,是很轻、很细、很和的风。那西方极乐世界,没有一样不好。所以吹来的风,又像有,又像没有;又不冷,又不热。不像我们这个世界上的风,很大很狂的,可以伤坏房屋树木的,变成风灾的。那些树林、网络,本来是七种宝贝成功的。轻轻的风,慢慢地吹上去。树碰动网,网碰动树,自然就会发出很好听的音声来了。虽然说像几百几千种的乐器，同在一个时候，一齐吹弹起来，但是这种声音，还不独是好听哩，并且还能够像鸟的声音一样，也会发出像上边所讲各种道品的法音来的。《无量寿经》里头说道，我们这个世界上，皇帝宫里头的乐器，就是有百千万种的多，也不及忉利天宫一种乐器的好。忉利天宫里头百千万种的乐器，不及夜摩天宫一种乐器的好。高一层天，就要好百千万倍。那样的好，已经不是说话可以形容的了，但是还远不及西方极乐世界，风吹动了树林、网络，发出来的声音的好。照这样说起来，那些声音的好听，还了得么！因为这种声音，也是借它来说法的，不独是为了好听。所以生在西方极乐世界的人，听了这种声音自然会动他们修道的心，想念起佛、法、僧三宝来了。

这一段，是说西方极乐世界的风、树、网络都会说法的。

舍利弗，其佛国土，成就如是功德庄严。

【解】　佛又叫舍利弗道，西方极乐世界，像上边所说的，阿弥陀佛变化出来的各种鸟，同了各种宝贝成功的树林、网络，也都会发出说法的声音来。使得生在西方极乐世界的人,听了这些声音,都会生出想念佛、法、僧三宝的心来。这都是阿弥陀佛的功德所成功的。

【释】 这两句解释,还是同上边一样的。不过这一段里头的如是两个字,是指阿弥陀佛变化出来的各种鸟,同了各种宝贝成功的树林、网络,都会说法的种种功德。因为阿弥陀佛,还有一个大愿说道,我若是成了佛,我国里头的人,随他们的心愿,要听什么法,就自然有什么法给他们听。阿弥陀佛发过这样的大愿心,所以这些鸟,这些树,这种风,都会说法,说给生在西方极乐世界的人听。这都是阿弥陀佛的功德所成功的。

这两句,也是总结上边所说的西方极乐世界种种的好处。

舍利弗,于汝意云何,彼佛何故号阿弥陀?

【解】 佛又叫舍利弗道,你的意思里头,怎么样想法,那西方极乐世界的佛,为什么称他叫阿弥陀呢?

【释】 世上的一切事情,都不出因果两个字。种了什么因，一定结什么果，断断不会有一些些差的。譬如把瓜子种下去，一定生出瓜来；把豆子种下去，一定生出豆来。断断不会种了瓜，生出豆来；也断断不会种了豆，生出瓜来的。一个人转的念头，做的事情，都就是种因。转了善念头，做了善事情，将来一定得好结果，就是得好报应。转了恶念头，做了恶事情，将来一定得苦结果，就是得苦报应。报应分两种：一种是依报，一种是正报。受报应的，叫正报。譬如一个人，受种种的好报应，或是受种种的恶报应，是什么东西去受的呢？自然就是这个身体去受的了。所以这个身体是主，就叫正报。报应他的，叫依报。譬如一个人，受种种的好报应，或是受种种的苦报应，拿什么东西去报应他呢？就是把住的、吃的、穿的、用的，种种的东西，去报应他。报应好的，那末这些住的、吃的、穿的、用的，种种的东西，也就都是好的。报应苦的，那末这些住的、吃的、穿的、用的，种种的东西，也就都是苦的。这种种的东西，就叫依报。我们这些人的身体，是爷娘精血成功的。这个根本，已经是很不洁净的了。包在一层皮里头的，又都是脓血屎尿。所以我们这些人的正报，实在没有一些洁净的。讲到我们这个娑婆世界，又是很污秽的，娑婆世界怎样的很污秽，下边解释五浊恶世一节里头，会详细说明白的。

又远不及西方极乐世界的清净。那末我们的依报，也是很不洁净的。所以我们这个世界上，无论正报依报，没有一样可以比得上西方极乐世界的。上边几段经，所讲的西方极乐世界种种的好处，都是讲的依报。从这一段经起，要讲西方极乐世界的正报了。正报有主有伴。主，是主人。伴，是伴侣。阿弥陀佛，是西方极乐世界的主人。所以阿弥陀佛，是正报的主。还有那些生到西方极乐世界去的人，是正报的伴。现在先把正报的主，就是阿弥陀佛，讲讲清楚。

这两句，是佛要讲阿弥陀佛的功德，所以自己先问一句，下边就是佛自己回答解释了。

舍利弗，彼佛光明无量，照十方国，无所障碍，是故号为阿弥陀。

【解】　佛又叫舍利弗道，那阿弥陀佛全身发出来的光，很亮很大的，能够照到十方一切许多佛的世界，一些不会被别的东西遮住隔住的，所以称他做阿弥陀。阿弥陀，是无量光的梵语。所以阿弥陀佛，也叫无量光佛。

【释】　阿弥陀,是梵语。就是我们中国的无量光三个字。就是光明无穷无尽,没有数量的意思。凡是佛的身体,都有光明的。不过光有两种。一种是常光。就是平常时候常常有的,那是一定的光。一种是放光。是因为有了什么缘故,特地从身上各处地方放出来的。那是没有一定的光。照现在经里头所说的意思看起来,是说阿弥陀佛的常光。别种光隔了一张纸,就照不过去了。哪怕你现在的电灯光,远了也就照不到了。阿弥陀佛的光,可以照到十方世界,没有一个地方照不到,并且无论什么东西,都遮不住,隔不断他的光的。不要说别种光了,就是日光月光,也万万比不上阿弥陀佛的光。因为日光月光,只能够照到一个世界。铁围山的外面,就照不着了。并且行到了东边,西边就没有光。行到了南边,北边就没有光。不独是不能够各处都照到,并且一遮就遮住,一隔就隔断的。还有一层,若是日光照了人的眼,眼就要睁不开的,人就要觉得热的,觉得烦躁的。阿弥陀佛的光照了人,这个人就觉得身体上非常的舒服,心里头非常的清净,比了天上的人,还要快乐。并且阿弥陀佛,对了念佛的人,都把光来照他们的,保护他们的,像极慈爱的母亲,宝贝儿女,舍不得离开的样子。这都是阿弥陀佛的大慈大悲,大愿大力。照《无量寿经》上说，阿弥陀佛的光，在十方世界里头，算是第一了。因为别尊佛的光，都没有像他的光照得远。这是因为他发的四十八个大愿里头，有一个愿心说道，倘然我将来成了佛，我的光有数目限止，不能够照遍无量无边的世界，我就不愿成佛。现在既然成了佛了，这个愿心，一定要满足的。所以就有这样的光。还有一层，我们也不可以不晓得的，就是我们这些人，本来有的灵性，是同佛没有两样的。为什么他叫做佛，我们叫做凡夫，他有这样的光，我们连那一尺一寸的光也没有呢？这是因为我们心里头不清净，不能够把一切烦恼的念头都抛开去。譬如月亮的光，被那浮云遮住了，所以光就发不出来了。但是浮云虽然遮住了月亮的光，究竟月亮仍旧一丝也没有受着损失，只要那浮云散去了，光就会显出来的。人的心光，自己真心里头，本来有的光，所以说是心光。也是这样的。若是能够把一切的烦恼，丝毫都不放在心上，那末心光也自然会发出来了。就是阿弥陀佛的光，我们一些都看不见，也因为被这些坏念头，把我们本来的清净灵性遮盖住了，所以看不见的。

这一段，是说阿弥陀佛有无穷无尽的光。

又舍利弗，彼佛寿命，及其人民，无量无边阿僧祇劫，故名阿弥陀。

【解】　佛又叫舍利弗道，阿弥陀佛，同了生到西方极乐世界去的人，他们的寿命，都是无穷无尽，没有数目可以算的。所以称他做阿弥陀。阿弥陀，是无量寿的梵语。所以阿弥陀佛，也叫无量寿佛。

【释】　无边两个字，同无量一样的，也是很多很多，没有数目可以计算的意思。阿僧祇，是梵语，中国文叫无央数，也是没有数目可以计算的意思。但是这样很大很大的数目，不是凡夫的心量，可以计算的。劫字，是梵语，叫劫波，就是灾难的意思。现在借用这个劫字，来计算年代的数目。劫有大劫、中劫、小劫三种分别。一个大劫，有四个中劫。一个中劫，有二十个小劫。一个小劫，就是人的寿命，从最短只有十岁的时候算起，每过一百年，加一岁，加到八万四千岁。到了八万四千岁，就每过一百年减一岁了，仍旧减到十岁。照这个样子加一回，减一回，总共是一千六百八十万年，叫一个小劫。二十个小劫，成功一个中劫，就是三万三千六百万年。四个中劫，成功一个大劫，就是十三万四千四百万年。一个劫已经有这么多年了，何况是无量无边，没有数目的劫呢。那年岁的长久，还可以算得清么？四个中劫，都有名目的。叫成劫、住劫、坏劫、空劫。成劫，是这个世界成功的时代。成功这个世界，很不容易的，要一个中劫的长久，才能够完全成功。住劫，是世界已经成功，有了人的时代，最平稳的时候，大家在这个世界上过日子。住字，是停住在那里的意思。现在就是在住劫的时代。现在是住劫里头的第九个小劫。坏劫，是世界毁坏的时代。毁坏的也不容易的，也要坏一个中劫的长久，才能够坏完。但是在坏劫起初的时候，就有大火灾起来了，越烧越厉害，直烧到坏劫的末后一个小劫，就烧得空空洞洞，一些东西都没有了。平常的火，烧了东西，还是有灰的。劫火烧过了，连灰也没有的。这就是大三灾的第一大火灾了。第二是大水灾，第三是大风灾。但是这三种大灾，不是一同来的，是轮流了来的。只是厉害得很，不像现在我们这个时候的灾了。第一次大火灾起的时候，有七个太阳，在一个时候一同出来，烧这个世界。从我们这个世界下边，最低的一层阿鼻地狱烧起，一直烧到初禅天。所有初禅天以下的世界,同了世界上的山河大地,一齐烧得干干净净,一些儿也不留。这是第一次的大劫。大火灾来过后,坏劫也就过去了,又到了空劫的时代了。等到空劫过去后,世界又要重新出现了。又是成劫、住劫,渐渐的过去。等到这第二次的坏劫,仍旧是大火灾,直到要经过七次大火灾。到第八个大劫里头的坏劫,就改做大水灾了。也是从阿鼻地狱起,但是这一回的大水灾,一直要到二禅天了。所有二禅天以下的世界天地,也都被大水浸坏了,像水浸盐,也一些儿不留。这是第八次的大劫。照这个样子,七次大火灾,一次大水灾,要轮流经过七回。再来七次大火灾。总共已经有六十三次的大灾。也就是已经过了六十三个大劫了。到这第六十四次的大劫,是大风灾来了,也是从阿鼻地狱起。但这一次的大风灾,更加厉害了,一直要吹到三禅天了。所有三禅天以下的世界天地,也一齐都被这大风吹散吹灭得干干净净,一些儿也不留。加上这个大风灾,总共就是六十四次的大灾。就是六十四个大劫了。空劫,是世界已经坏完。就都变成了虚空了,所以叫做空劫。但是也要空到一个中劫的长久,再慢慢的成功一个新的世界,就是又到了成劫了。不但是每一个大劫的末后,一定有这样的大灾。就是中劫里头的住劫时代,算是最好的时代,也有许多灾哩。不过没有像坏劫的这样厉害罢了。住劫里头,每一个小劫的末后,就有所说的小三灾来了。那小三灾,就是饥馑灾、馑字,也就是饿的意思。瘟疫灾、刀兵灾。我们这个世界上的人,到了现在末法的时代,一天恶一天,所以寿命也一天短一天。到寿命减短到三十岁的时候,释迦牟尼佛在我们世界上的时候,人的寿命,恰好一百岁。照这样算起来,现在的人,应该有七十岁的寿。天上的龙,因为看见世界上的人太恶了,七年不肯降雨。所以各处地方,都遭旱荒。没有东西可以吃,就一大半人都要饿死了。等到寿命减短到二十岁的时候,很厉害的瘟疫灾来了。人吐出来的东西,碰到了就可以送命的。人也要死去一大半。到了寿命减短到十岁的时候,人的嗔心,已经发到极处了,哪怕你大家要好的人,只消一句说话不投机,就可以拔出刀来杀他的。地下所生出来的草,也都可以拿他当做刀用,可以杀人的。那个时候,正是你杀我,我杀你,大家专门相杀的时代。所以遍地都是刀兵灾,人差不多要杀得没有了。到了这个时候,天上的人,动了哀怜的心,就下来到我们人住的世界上,劝化这些恶人,渐渐地改恶向善,这些人也觉得太苦了,就听了天上人的好话,人心渐渐地向善起来了。寿命也就渐渐的加长起来了。等到加到了八万四千岁的时候，人心又要渐渐地恶起来，寿命也又要渐渐地减短到十岁了，因为照了所经过的时代算起来，一定要碰到这样的灾难，所以叫做劫。讲到那西方极乐世界，就实在没有这种灾难的，不过借这个劫的名目，计算年代的长久罢了。因为世界上的灾难，都是众生的恶业感应来的；西方极乐世界，是阿弥陀佛种种的功德所成功的，那自然不会有灾难，并且也不会毁坏了。虽然说生到西方极乐世界去的人，或者也有先前已经造过恶业的，但是用极诚恳的心，念了一句佛，就可以消去八十亿劫的重罪。所以念佛生到西方极乐世界去的人，所有从前的恶业，实在已经消灭得干干净净的了。况且还靠了阿弥陀佛的大慈悲、大愿力，那些众生，自然都可以安安稳稳地享受无量无边，没有数目的劫的长寿了。还有一层，讲起一个人的本体来，本来是不生不灭的。既然没有生灭，那寿数就永远不会完结的了，不但是无量无边无数劫的长寿哩。但是我们这些人，因为从前世、前前世，一直到现在，妄想的痴心，不能够断，把自己的真心迷住了，就造出种种的业来，就被这各种业的力，牵到了六道轮回里头去，受一世一世的报应。讲起实在来，真像做梦一样，都是虚的假的，不实在的。不过在那梦里头的时候，受乐受

087

苦,像样样都是实在的。现在教人修这个念佛方法,求生到西方极乐世界去,就是一种叫醒那痴梦的方便方法。痴梦醒了,那虚的假的生生死死,就不会再受了,就自然而然能够回复那不生不灭的本体了。那末寿的长久,还可以用年岁来计算么?所以生到西方极乐世界去的人,没有一个不是这样长寿的。他们所以能够这样的长寿,一半是靠了阿弥陀佛大愿的力量,一半也是众生念佛的功德,同了自己心的力量,感应来的。

这一段,是说阿弥陀佛,同了生到西方极乐世界去的人,都有无穷无尽的寿。

舍利弗,阿弥陀佛成佛以来,于今十劫。

【解】 佛又叫舍利弗道,从阿弥陀佛成佛到现在,还只有十个劫哩。

【释】 前边已经把阿弥陀佛,所以得着这个名号的缘故说明白了。现在再把阿弥陀佛成佛的年代,说说清楚。自从阿弥陀佛在西方极乐世界成了佛起,算到现在的时候,一劫一劫的,已经有十劫了。所说的十劫,就是世界成一次,坏一次的大劫。不可以认做中劫小劫的。经里头说阿弥陀佛成佛以来，于今十劫。是已经过了十个大劫的意思。就平常的眼光看起来，觉得已经长久得了不得了。但是照阿弥陀佛无量无边阿僧祇劫的寿命说起来，那是这十劫还只好算得是刚刚起头。将来阿弥陀佛，在西方极乐世界里头，讲经说法，接引十方世界念佛的众生，生到那里去的时候，正是长久还要长久哩。

这两句，是说阿弥陀佛成佛的年代。

又舍利弗，彼佛有无量无边声闻弟子，皆阿罗汉，非是算数之所能知。

【解】　佛又叫舍利弗道，那阿弥陀佛，有许多许多的声闻弟子。声闻总共有四种。但是阿弥陀佛的声闻弟子，都是最高的一等，就是阿罗汉。这阿罗汉，实在多得了不得。不是用算法的数目，能够算得清楚，可以晓得他们确实的数目的。

【释】　佛经里头的数目名字，有最大的十个。阿僧祇，是第一个大数目。无量，是第二个大数目。无边，是第三个大数目。若是照这样说起来，那无量无边，还是有数目算得出来的哩。现在说这些人的数目，不是用算法的数目能够晓得的。那末这里所说的无量无边四个字，真是形容他们人的数目多得了不得，不是十个大数目里头的无量无边了。但是只说声闻，不说缘觉，是什么缘故呢？因为缘觉出在没有佛的时代的。西方极乐世界，明明有阿弥陀佛在那里说法，自然不是没有佛的时代了。所以西方极乐世界里头，没有缘觉根性的人的，也没有证缘觉果位的人的。不过旁处没有佛的世界的缘觉，若是发了大愿心，也有往生到西方极乐世界去的。他们既然发了大愿心，就不可以说他们是缘觉了。西方极乐世界的声闻，都是大乘声闻。不要说已经证声闻果位的是大乘，就是下品下生的人，也都是大乘气派的。切不可以把我们这个世界上声闻的名目来，胡乱辩论。若是胡乱辩论，罪过很大的。有人说西方极乐世界，声闻、缘觉两种小乘，都不会有的，怎么这部经里头，又有声闻呢？这有两种缘故的。一种是没有生到西方极乐世界去的时候，专门修小乘法，不发大愿心的那些人，后来碰到了善知识，善知识，是知识很好的人，肯教人做善事，信佛法的人。或是临终的时候碰到了善知识，教他修求生到西方极乐世界去的大乘法。就是用极诚恳的心念佛。他听了这个人的话,就发了大愿心,后来就生到西方极乐世界去了。但是他修小乘法修惯了,所以听了四念处等修行的方法,四念处,在解释其音演畅五根五力一句里头,已经详细讲过了。就明白了佛的道理,先得到了须陀洹、斯陀含、阿那含、阿罗汉的各种地位了。一种是智慧缺少的人,虽然生到了西方极乐世界去,但是他只能够一步一步地上去。听几时佛法,破几分迷惑,就进一步果位。所以还是要经过这种小乘的阶级的。但是这两种小乘,既经生到了西方极乐世界,就不会永远是小乘了。慢慢地多听听佛法,把他们种种的迷惑,一齐破除完了,就会成菩萨、成佛的。所以说西方极乐世界,不会有声闻、缘觉二种小乘,还是不差的。因为不过暂时有,不是终究有的。终究要成功大乘菩萨才歇的。

这一段,是说西方极乐世界声闻的多。

诸菩萨众,亦复如是。

【解】 不但是声闻多得很,就是菩萨也很多很多。也像声闻一样的,不是数目所能够计算得清楚的。

【释】　上边说的声闻,是小乘;现在说菩萨,是大乘了。亦复两个字,是也是的意思。如是两个字,是代替上边无量无边,同了非是算数之所能知两句的。就是菩萨也是多得很,也不是用算法的数目所能够算得清楚他们的数目的。从彼佛有无量无边声闻弟子一句起,到诸菩萨众亦复如是,是说正报的伴。

这两句,是说西方极乐世界菩萨的多。

舍利弗,彼佛国土,成就如是功德庄严。

【解】　佛又叫舍利弗道,西方极乐世界,有阿弥陀佛的无穷无尽的光明;阿弥陀佛同了生到那里去的人,都是无穷无尽的寿命;还有多得数不清楚的声闻、菩萨这样种种的好处。都是阿弥陀佛的功德所成功的。

【释】　这两句的解释,还是同前边一样的。不过这里的如是两个字,是指阿弥陀佛的光明无量,寿命无量,同了声闻菩萨的多。西方极乐世界,讲起正报来,阿弥陀佛是主,无量无边的声闻菩萨是伴。阿弥陀佛的四十八个大愿心里头，有一个愿说道，我若是成了佛，我头顶中间的光，比了日光月光，要胜过百千万亿倍。又有一个愿说道，我若是成了佛，我的光，要照到无穷无尽的世界，黑暗的地方，也都要照得很光明。许多天上的人，同了人的世界上的人，就是很小的虫蚁，凡是看见我的光明的，没有不发出慈悲心来做善事的，所以将来都能够生到我的国里头来的。若是我的光有限量的，我就不愿成佛。又有一个愿说道，我若是成了佛，我同了生到我国里头来的人的寿命，都是长到没有数目可以计算的。若是寿命有限量的，我就不愿成佛。又有一个愿说道，我若是成了佛，我国里头的菩萨，他们的神通、智慧、相貌等，种种都同了佛一样。阿弥陀佛发了这样种种的大愿心，才成了佛。所以上边所说的光明无量，寿命无量，同了许多的声闻菩萨，都是阿弥陀佛的功德所成功的。

这两句，是总结上边所说正报的种种好处，所以能够成功的缘故。

上卷是说西方极乐世界，种种境界的好。教人晓得了，生出羡慕的心来。下卷是说求生到西方极乐世界去的种种方法，同了劝人发出求生到西方极乐世界去的愿心来。

又舍利弗，极乐国土，众生生者，皆是阿鞞跋致。

【解】　佛又叫舍利弗道，凡是生到西方极乐世界去的众生，只有一直修上去，没有退转来的。

【释】　不但是现在已经在西方极乐世界的，都是声闻菩萨，就是陆陆续续生到那里去的人，也都是只有慢慢地修上去，没有修修退转来的。阿鞞跋致，是梵语。阿字，是中国的无字。鞞跋致，是中国的退转两个字。阿鞞跋致，就是没有退转来的意思。为什么生到了西方极乐世界去，就只有上进，没有退转来的呢？这个缘故多得很。大略说起来，有五种。第一种，阿弥陀佛有一个大愿心说道，我若是成了佛，凡有听到我名字的人，能够皈依了我，勤勤恳恳地修，那末就只有修上去，没有退转来的。第二种，凡是念佛的人，阿弥陀佛就放出光来，保佑他们，接引他们。因为靠了佛的力量，所以能够不生退转来的心。第三种，西方极乐世界的树林、网络、鸟音、风声，都会说法的。生到那里去的人，常常听了这种种说法的声音，自然会生出想念佛法僧三宝的心来，那里还有退转来的呢？第四种，在西方极乐世界的，都是声闻菩萨。那末生到那里去的人，就同这些声闻菩萨，常常在一块儿做朋友。还可以亲自见到佛，亲自听到佛说法。不像现在这个世界上，不要说已经过去的佛，都看不见了，就是我们现在的教主释迦牟尼佛，也已经入了涅槃了。所有寺院里头的佛，也只有纸画的，同了那木雕泥塑的像，不会来与我们说法的。那西方极乐世界，既然有这样的好，哪里还会退转来呢？第五种，一个人所以心思常常变动，做做好人，忽然又变做坏人，大半都为了这财色两件事情。西方极乐世界，要吃就有得吃，要穿就有得穿，又没有妻妾儿女要养他们，要钱做什么呢。生到极乐世界去的人，都是从莲花里头生出来的，没有淫欲心的。况且那里又没有女身的。这个色字，也说不到了。财色两件事情，既然不会来搅乱，自然一心一意地修行了，哪里还会修修重新退转来呢？还有一种，可以使得我们改变心思的，就是那种邪教魔鬼，来引诱我们。我们的见识不正当，主意不立定，就要上他们的当，正路不走，走邪路了。西方极乐世界，又没有这样的邪魔，自然只会上进，不会退转来了。所以生到了西方极乐世界去，不会退转来，就因为这种种的缘故。若是要详细说起来，那就说不完了。并且讲到不退转，还有三种的分别。一种叫位不退。就是已经到了圣人贤人的地位，不会再退转来做凡夫的意思。一种叫行不退。就是专门学大乘的菩萨，一心一意的度脱众生，不会再退到小乘的声闻、缘觉里头去的意思。一种叫念不退。就是心思总是同了佛的智慧相合的，不会再有别的念头起来的意思。

这一段，是说生到了西方极乐世界去，只有上进，没有退转来的。

其中多有一生补处，其数甚多，非是算数所能知之，但可以无量无边阿僧祇说。

【解】　所有生到西方极乐世界去的人里头，还有许多人，就在这一世上，补到佛的位子的数目，也多得很哩。也不是用算法的数目，可以知道他们实在的数目的。只能够拿这个无量无边阿僧祇的大数目来说说。

【释】　一生补处四个字，是就在这一世上，补到佛位的意思。我们这个世界上的人，要修到那位不退、行不退、念不退，已经是很不容易了，何况在一世里头，就修到等觉菩萨呢？佛字，本来是梵语，就是中国的觉字，就是觉悟的意思。等觉两个字，就是同佛一样的意思。菩萨的等级，也多得很。等觉菩萨，是菩萨里头最高的位子。现在生到西方极乐世界去，只有这一次。从莲花里头生出来,慢慢地一直向上修,就可以修到补处佛的位子。这种大便宜事情,除了念佛求生到西方极乐世界去,哪里还会有第二种方法呢?并且这种就能够补到佛位的人,也很多很多,直是多到数不清楚。所以除了那些极呆的人,还有不要想生到西方极乐世界去的么?所说补到佛位的一个补字,就像做官的补缺一样,有了一个缺出,才可以补到一个位子。生到西方极乐世界去的人,渐渐地修,修到了等觉菩萨的地位。只要有佛的缺出来,就可以补着佛的位子,就是佛了。现在这一个大劫,叫做贤劫。在这个贤劫里头,总共有一千尊佛在我们这个娑婆世界上出世,现在已经出了四尊佛了。第一尊佛,名叫拘留孙佛。第二尊佛,名叫拘那含牟尼佛。第三尊佛,名叫迦叶佛。第四尊佛,就是释迦牟尼佛。一尊佛涅槃了,就再有一尊佛出来补他的位子。将来到释迦牟尼佛的末法一万年,差不多要过完的时候,所有释迦牟尼佛所说的种种佛经,除了这部《阿弥陀经》,还有一百年,留在我们这个世界上,别的佛经,都消灭了。所说的消灭,并不是特地去毁灭他。这是因为众生的福薄了,所以佛经就自然会没有字了。佛法也没有人传了。《阿弥陀经》,比别种佛经,多留一百年在我们这个世界上,也是释迦牟尼佛特别的恩典。因为别种佛经,都没有了,别种方法,都不能够修了,把这部《阿弥陀经》,多留一百年在我们这个世界上,让我们这个世界上的人,还可以修这种念佛方法,生到西方极乐世界去,免得在这个世界里头,一世一世地受苦。到这个一百年过了,我们这个世界上,就一句佛法也没有了。再要经过很多很多的时候,到了增劫的时代,增劫,是人的寿渐渐地增加起来。人的寿命,加到八万四千岁,又减到八万岁的时候,就应该轮到弥勒佛出世,补释迦牟尼佛的佛位了。现在西方极乐世界的教主,是阿弥陀佛。将来阿弥陀佛的后来,就是观世音菩萨补缺,佛号叫做普光功德山王佛。再后来,就是大势至菩萨成佛了,佛号叫做善住功德宝王佛。讲到生到了西方极乐世界去,就可以一直补到佛位的缘故,是有两种。一种就是上边所说过的,只有向上修,没有退转来的缘故。一种是因为寿命长的缘故。因为别个世界上的人,都没有这样长的寿命,所以用功的时候,也没有十分长久。若是根机浅薄一些的,恐怕等不到修成功,寿命已经没有了。西方极乐世界的人,寿命是无穷无尽的,千千万万年的修上去,哪里会有修不成功的道理呢?况且还有上边所说种种不会退转来的缘故么。所以西方极乐世界,比了随便什么世界都好,就为这种道理。

这是说凡夫生到了西方极乐世界，就能够得到一生补处的地位。还有一种说法，是生到西方极乐世界去的人里头，有许多已经修到了一生补处的地位的，像文殊菩萨、普贤菩萨，都是已经修到了一生补处的大菩萨。也都在佛前发愿，要生到西方极乐世界去。可见得西方极乐世界，实在是好得了不得，所以大菩萨也都想生到那里去。那末我们这种凡夫，还可以不赶紧发愿求往生么？若是真能够发这个愿心，将来自然一定会应的。又《无量寿经》里头，释迦牟尼佛对弥勒菩萨说，在这个娑婆世界，有六十七亿不退转的菩萨生到西方极乐世界去。他们都是供养过了无数的佛的，就同弥勒菩萨一样的。弥勒菩萨是一生补处的大菩萨。既然说他们同弥勒菩萨一样，那末也都是一生补处的大菩萨了。照这样看起来，生到西方极乐世界去的人里头，的确有许多已经修到一生补处的地位的了。但是生到西方极乐世界去的人，上边既然说都是不退转的，并且还有无量无边阿僧祇劫的寿命，那末应该都修得到一生补处的地位了。为什么经里头，不说都是一生补处，但说是多有呢？多有，是有许多的意思，并不是完全的意思。这里头有道理的。因为阿弥陀佛四十八个大愿里头，有一个愿心说道，我若是成了佛，我国里头人的寿命，没有数目限止的。除了那个人,本来有旁的愿心,要向他方世界教化众生。那末要寿长,要寿短,就可以随他的便。若是不能够这样的,我就不愿成佛了。还有一个愿心说道,我若是成了佛,旁的世界里头的许多菩萨,若是生到我的国里头来,一定能够修到一生补处的地位。除了他自己本来有旁的愿心,要到旁的许多佛国里头去修种种的功德,教化众生。那末要去就去,也可以随他的愿。若是不能够这样的,我就不愿成佛了。因为阿弥陀佛有这样两个大愿心,所以生到西方极乐世界去的人,或是因为自己本来有旁的愿心,不要永远住在西方极乐世界,或是在西方极乐世界,得到了些好处,等不得修到一生补处的地位,就到旁的佛国里头去修了,都可以随便各人自己的意思的。那么在西方极乐世界里头修的人,就不一定都是得到一生补处的地位的了。所以这一生补处,只说多有,不说都是,就因为这个缘故。还有一层,照上边无量无边声闻弟子,皆阿罗汉两句经文看起来,可见得生到西方极乐世界去的,不全是一生补处的大菩萨,还有许多声闻在里头哩。这也是不能够说都是,只能够说多有的缘故。但是已经修到了一生补处的菩萨,也都要生到西方极乐世界去。所以往生的,自然多了。像上边所说娑婆世界有六

100

十七亿不退转的菩萨,要生到西方极乐世界去。一个世界,已经有这许多的一生补处的大菩萨,生到那里去。那末十方无穷无尽的世界里头,一定也都有这样的大菩萨,生到西方极乐世界去的了,那还可以算得清他们的数么?何况还加上了生到那里去的凡夫,也慢慢地修到了大菩萨的位子,那自然更加没有数目可以算得清了。

这一段,是说凡夫生到了西方极乐世界去的,渐渐地修上去,一直补着佛位的很多。并且已经修到了一生补处的大菩萨,愿意生到那里去的,也多得了不得。

舍利弗,众生闻者,应当发愿,愿生彼国。

【解】 佛又叫舍利弗道,众生听到了上边所说西方极乐世界,这样许多了不得的好处,应该都要发出愿心来,情愿生到西方极乐世界去。

【释】 上边所说西方极乐世界的依报、正报,种种了不得的好处,生到那里去的人,都可以得着这样的好处。所以凡是听到过这样许多好处的人,都应该要发出大愿心来,情愿生到西方极乐世界去。这是佛第一次劝人。因为要想生到西方极乐世界去,有三种最要紧的事情。就是信、愿、行三种。信,就是相信西方极乐世界的确是有的;相信西方极乐世界,的确有像这部《阿弥陀经》所说的种种了不得的好处;相信要生到西方极乐世界去,的确只要一心念佛,就一定能够去的;相信念佛生到西方极乐世界去的方法,的确比随便什么方法,简便得多,稳当得多。不可以有一些些疑惑。既然能够相信了,就应该要发愿心。情愿将来寿命完了,就生到西方极乐世界去,不生到别的世界去;情愿专门修念佛的方法,不修别的方法;情愿抛弃了现在这个世界上所有的种种妻儿财产,一切的东西;情愿生到了西方极乐世界去,见了佛,得了无生法忍,这四个字,下边再详详细细地讲。再回到这个世界上来,度脱无论有缘没有缘的一切众生。既然发了大愿心,就应该要修了。行,就是实实在在的去修。就是念阿弥陀佛。念佛的方法,这里可以不必去细说。因为下边解释闻说阿弥陀佛,执持名号一节,同了末后所附的修行方法里头,都要详细讲明的。求生到西方极乐世界去。这信、愿、行三件事情,譬如一只香炉,三只脚。缺了一只,就摆不平的。所以一样也不可以少的。但是三件里头,信同了愿,更加要紧。因为能够信,又有了愿,自然会行了。还有一层,大家必须要晓得的。这个愿心的力量，是最大的，发了愿心，没有不应验的。一个人发了善愿，将来就一定得善的应验。发了恶愿，将来一定得恶的应验。一个人到了差不多要死的时候，无论什么东西，都要丢开了。独有这个愿心，跟了同去的。佛经里头说到这种实在的事情，多得很，大家可以查看的。就像阿弥陀佛，所以能够成佛，所以西方极乐世界，能够有这样的好处，都是阿弥陀佛做法藏比丘的时候，所发的四十八个大愿心，一件一件应验的。观世音菩萨，能够成大菩萨，也靠了他的广大誓愿。普贤菩萨，能够成大菩萨，也靠了他十个大愿。可见得愿心的力量，是比随便什么力量都大，没有可以敌得过的。所以佛再三再四地劝人要发愿心，劝人发要生到西方极乐世界去的愿心。无生两个字，是能够把这个心，安住在真如实相上边，觉得丝毫没有凡夫的情念，可以丢弃，也没有圣人的见解，可以取得的意思。一切众生，本来没有生，也没有灭。所以大家看见生生死死，都因为贪、嗔、痴种种虚的假的乱念头太多了，就现出种种生灭的形相来。讲到真如实相的道理，的确是没有灭，也没有生的。说了没有生，那没有灭，就包括在里头了。所以只说无生。忍字，本来是安心忍耐的意思。现在是拿忍耐来比那得无生忍的人心里头很安舒，没有一些念头发生的意思。无生忍，是证得心念没有生灭的道理的好名目。心念没有生灭，就是不动心的意思。无生法忍，是因为证得了心念没有生灭的道理，从此就能够见到一切法都没有生灭的道理的好名目。这是要真正见到了真如实相的道理，才能够得这种忍的。得了这种无生法忍，就叫阿鞞跋致，永远不会被外面的境界，迷惑摇动他的心，再退转去的了。

这三句，是佛第一次劝听到过依、正两报种种功德的众生，要发求生到西方极乐世界去的愿心。

所以者何，得与如是诸上善人，俱会一处。

【解】 为什么劝人发愿心，要生到西方极乐世界去呢？因为能够同了这样许多最上等的善人，都聚会在一块儿的缘故。

【释】 如是两个字，就是指上边所说过的无穷无尽的声闻菩萨，同了许多一世就补到佛位的大菩萨。因为西方极乐世界，都是这种最上等的善人。若是发了大愿心，生到了那里去，就可以同他们天天聚会在一块儿了。上边所说生到了西方极乐世界去的众生,都可以不退转来。就因为同了这些上等的善人,天天在一块儿的缘故。因为有些世界,有畜生、饿鬼、地狱的。有些世界,就是没有畜生、饿鬼、地狱。但是有善人,就有恶人。有些世界,虽然只是善人,没有恶人,但是不一定都是最上等的善人。只有西方极乐世界,都是最上等的善人。天天同了他们在一块儿,这个人还有不一心向上的吗?况且一个平常的凡夫,只消生到了西方极乐世界去,就可以同了这些大阿罗汉、大菩萨,天天聚在一块儿。不是靠了阿弥陀佛的大愿大力,有这样的好福气么!所以无论什么世界,没有比西方极乐世界更加好的了。怎么可以不求生到西方极乐世界去呢。

这三句,是说所以劝人发愿生到西方极乐世界去的缘故。

舍利弗,不可以少善根福德因缘,得生彼国。

【解】 佛又叫舍利弗道,要生到西方极乐世界去,一定要有因缘的。善根同了福德,就是生到西方极乐世界去的因缘。但是善根少,福德少,就不能够生到西方极乐世界去了。所以善根要培养得多,福德也要积聚得多。善根同了福德两种解释,下边会详详细细讲明白的。

【释】 修到西方极乐世界去,要信、愿、行三种完全了才能够成功。上边不是已经说过的么。但是这个行字,还有正行、助行两种分别。正行,是行的主脑,行的根本。助行,是帮助正行成功的。正行,就是发菩提心,同了念阿弥陀佛的名号。发菩提心,就是发道心,就是发信佛的心,发求成佛的心,发度脱十方世界众生的心。既然发了这样的大愿心,就应该切切实实的即修。专门念阿弥陀佛的名号,就是切切实实的修。要想生到西方极乐世界去,就应该要专门念阿弥陀佛。这个缘故,下边一节里头会详细讲明白的。所以发菩提心,同了念佛,叫做正行。所说的善根,就是指这种正行。不照这种正行修,就是没有善根。修行人若是只想自己修得好,自己可以免除生生死死,不发菩提心,度脱十方世界的苦恼众生,将来只可以成功小乘,就是少善根。助行,就是孝养父母,念经拜佛,修六度、十善,受持禁戒,受字,是领受在心里头。持字,是依了方法去做。救济穷人,戒杀放生。一切善事,都要尽自己的力量,认真去做;一切恶事,完全不做;再把做的这些善事,都回向到西方极乐世界去,回向两个字,下边会讲明白的。叫做助行。所说的福德，就是指这种助行。不照这种助行修，就是没有福德。修了不回向，将来不过得到天上，或是人的世界上的好报应，就是少福德。要生到西方极乐世界去，一定善根要多培养，福德也要多积聚，才能够去得成功。所以说不可以少的。因缘两个字，前边已经大略讲过的。不论什么事情，都要有因缘的。生到西方极乐世界去，自然更加要有因缘了。因，本来是根本的意思，是种子的意思。缘，本来是帮助的意思。这里的善根，就是生到西方极乐世界去的因。福德，就是生到西方极乐世界去的缘。回向，就是不论做了什么大小功德事情，都把他回过来，归向到求往生西方极乐世界上去。我们修行的人，随便做了什么功德，就应该随时回向。回向有方法的，必定要另外念一种回向的文，照了文里头的意思，发求生到西方极乐世界去的愿心。不是单单把文字读一遍，就可以算回向的。回向的文，种数很多。下边修行方法里头有的，看下去就晓得了。

　　这两句，是说要多善根、多福德的人，才能够生到西方极乐世界去。

舍利弗，若有善男子、善女人，闻说阿弥陀佛，执持名号，若一日、若二日、若三日、若四日、若五日、若六日、若七日，一心不乱。

【解】　凡是信佛的男子，都可以叫善男子；信佛的女人，都可以叫善女人。若是有善男子、善女人，听到有人说起阿弥陀佛的名字，就念起阿弥陀佛来，或是一日，或是二日、三日，或是四日、五日、六日、七日，念到他一个心专门在佛上边，一些些不夹杂别种乱的念头在里头。

【释】　所说的男子女人，连出家人、在家人、六道众生，只要有缘的，都包括在里头。但是为什么都称他们做善男子、善女人呢？因为一个人，能够听到佛的名字，他的前生，必定有善根的。所以才有这种福气。怎么见得有福气呢？要晓得，凡是做一个人都有五种难处。第一，是人身难得。照佛经上说，要完全不犯五戒，或是修中品的十善，才可以得到人身。可见得人身是很不容易得的。但是讲起发心修行来，独有人道来得容易。因为生在天道的人，快乐的事情多，大家贪图了快乐，就不肯发心了。所以生在天道，倒反没有生在人道的好。况且凡是佛出世，总是在人道里头现相成佛的，现相，是现出各种的形相来。现相成佛，是现出成佛的相来。譬如释迦牟尼佛，本来已经成了佛的，因为要现给众生看一个修行的榜样，所以特地投生做太子，慢慢地修行成佛，这就是叫现相成佛。说佛法也是在人道里头的时候多。所以佛经里头，不说天身难得，只说人身难得，就是这个缘故。第二，是中国难生。若是生在边地，像现在的外国，就很不容易听到佛法了。第三，是五根难备。五根，就是眼、耳、鼻、舌、身五种。备字，是完全的意思。这五种根，是不容易完全的。眼瞎了，就不能够看经书。耳聋了，就不能够听佛法。舌坏了，就不容易念佛。身体残缺了，就不能够拜佛，同了做别种的一切功德。第四，是善友难值。值字，是碰到的意思。现在是末法时代，人心恶的多，只有引旁人做坏事的人多，肯劝人做善事的人少，肯劝人念佛修行的人更加少。所以叫善友难值。碰不到善人，就没有人把佛法来劝导了。第五，是佛法难闻。有了上边所说的四种情形，要听到佛法，实在是不容易了。况且佛是难得出现在世界上的。有的时候，竟然一个劫里头，没有佛出世。或是几个劫里头，也没有佛出世。照《法华经》上说的，一百八十劫,空过无有佛。那是没有佛的时候,更加长久得了不得了。像现在这个贤劫里头,有一千尊佛出世,真是难得的。照现在算起来释迦牟尼佛正法、像法的时代,都已经过去了。就是末法的时代,也不过再有七千多年了。过了这末法时代,就没有佛法听见了。直到要经过许多万万年,到弥勒佛出世的时候,方才再有佛法听到。那末生在这个中间时候的人,不是就都听不到佛法了么? 所以现在我们这些人,不要自己看轻了自己,不要自己对不住自己,我们在这个五种难处里头,一样难处也没有,还可以不一心一意的修行么? 执持两个字,本来都是用手捉住捧住的意思。执持名号,就是教人常常一心一意的念佛,把这个心常常放在佛的名字上边。像把这个佛的名字,用手来捉住捧住他,不放他走去的意思。念佛的方法也很多,有出声念的,有不出声念的,有掐了念珠念的,有不掐念珠念的。都可以随便,没有一定的。还有念阿弥陀佛四个字的,有念南无阿弥陀佛六个字的。虽然也可以随便,但是念南无阿弥陀佛六个字的,就格外恭敬些,诚心些。因为加了南无两个字,就有把我自己的生命,归托给佛的意思在里头了。所以念起佛来,不可以只贪快贪多,只念四个字,不加南无两个字。所说的一日、二日,一直到七日,一心不乱,有两种说法。一种是第一日念佛,心还不能够不乱。或是到了第二日,才能够不乱。或是要到第三日、第四日、第五日、第六日,最慢的或是竟然要到了第七日,才能够不乱。一种是只能够六日不乱,到第七日,心就要乱了。或是只能够五日、四日,或是只能够三日、二日。心是最难归一的。或是只能够一日不乱,到第二日,就要乱了。倘然能够从第一日起,一直到第七日,这个心一些些不乱,那末这个人的心,安定寂静,真是了不得了。将来一定可以生到西方极乐世界去了。但是这种乱不乱,全看念佛人的根机。根机深的、厚的,就容易些;根机浅的、薄的,就难些。没有一定的。不过能够把功夫用上去,就自然会渐渐不乱的。因为功夫是可以胜过根机的,全在人自己的要好不要好了。所说的七日一心不乱,并不是在寿命快要完的时候,是指平常时候说的。平常时候能够做到这样的功夫,那末到了寿命完的时候,也自然会不乱了。寿命完的时候,心思若是乱了,那个关系大得了不得,下边解释心不颠倒一句里头,会详细说明白的。所以要劝人天天念佛,时时刻刻念佛。就因为我们这些人的心里头,杂乱念头太多。一个念头去了,一个念头又来了。哪怕你一分钟里头,也不晓得要起多少的乱念头。念佛就是要收束这个散乱念头，使得这个念头，放牢在佛号上边。佛号的念头多一分，散乱的念头就少一分。渐渐地用功，能够把这念头，都收到佛号上边去；旁的念头，一些也没有了，那就叫做一心不乱了。念佛的人，最好是用心听自己念佛的声音，要一句一句的听得清清楚楚，一个字也不放他混过去。照这样的念法，自然心就容易归一，旁的念头，起不来了。这是修一心不乱的最好的方法，大家可以学得的。平常时候，果真能够做到了一心不乱，那末到了临终的时候，就可以一心都在佛的身上，别种杂乱念头，一齐不起，就可以感动佛来接引到西方极乐世界去了。就是根机差些的人，没有能够念到一心不乱，也只要有真正的信心，切实的愿心，至诚恳切地念，再能够随便什么恶事一些不做，随便什么善事都认真做，还要一心决定要生到西方极乐世界去，不起死了去做鬼的念头，也不起下一世再做人的念头，那末到了临终的时候，也可以承蒙佛来接引到西方极乐世界去的。切不可说我还没有到一心不乱的地步，不能够生到西方极乐世界去，就去求下一世的福报。福报，就是有福的报应。那就大错大错了。求福报所以要算错的缘故，在下边解释我见是利一节里头，会说明白的。一个人若是能够到一心不乱的地步，就决定可以生到西方极乐世界去了。就是没有到一心不乱的地步，只要能够有切实的信心愿心，也可以生到西方极乐世界去的。不过觉得吃力些。并且所生的品位，比了那一心不乱的人，要低得多了。这一部《阿弥陀经》说行持的方法，行，就是修行。持，就依了方法去做。前边已经讲过的。最要紧的地方，就是在这个一心不乱四个字上边。

这一段，是说念佛要念到一心不乱的地步。

其人临命终时，阿弥陀佛，与诸圣众，现在其前。

【解】　那个念佛的人，差不多要死的时候，阿弥陀佛，同了许多的菩萨，都显现在他的面前来了。

【释】　念佛的人，真能够念到一心不乱，那么这个人，到了差不多要寿命临终的时候，阿弥陀佛，同了观世音菩萨、大势至菩萨，还有许多的菩萨声闻，许多天上的人，都会显现在这个人的面前的。并且阿弥陀佛手里头，还拿了念佛人起初念佛的时候，七宝池里头所生出来的一朵莲花，来迎接他。这个人的心识，心识两个字，在前边解释共命之鸟的小注里头，已经说明白过的。就托在这个莲花里头，生到西方极乐世界去了。但是阿弥陀佛，同了观世音、大势至两位大菩萨，也要看这个念佛人的功行的。倘然功夫深，道行高，能够得到上品中品生的，那末佛同了菩萨，亲自来迎接的。若是下品生的，那末只有化出来的佛，化出来的观世音菩萨、大势至菩萨来了。一个人到了临终的时候，最是紧要关头，平常时候所造的善业恶业，都在这个时候，同你算账。所说的万般将不去，唯有业随身，就是一个人到了临终，随便什么东西都拿不去，只有这种善业恶业，跟牢了你的。照这样说起来，可怕不可怕呢？一个人还做得恶事么？念佛修行有功德的人，临终的时候，就有佛同了菩萨来迎接。若是造恶业的人，那末就有刀山、剑树、牛头、马面，种种地狱的恶形象现出来了。所以有些人，临死的时候，面上露出种种惊吓的形状来，就是这个缘故。你想一个人，只要一心念佛，等到临终的时候，就有佛同了菩萨来迎接他，这种事情，便宜不便宜呢？这也是阿弥陀佛发的大愿心里头，有一个愿说道，我若是成了佛，十方世界，有发菩提心，修种种功德，情愿生到我国里头来的众生，他临终的时候，我同了许多菩萨声闻等，都在他的面前显现出来。阿弥陀佛发了这个大愿心，才成功了佛的。所以念佛求生到西方极乐世界去的人，临终的时候，阿弥陀佛，一定同了许多菩萨声闻等，去迎接他的。

这一段，是说念佛求生到西方极乐世界去的人，到了临终的时候，阿弥陀佛，同了菩萨，都会显现到他的面前来的。

　　是人终时，心不颠倒，即得往生阿弥陀佛极乐国土。

　　【解】　这个人到了命差不多要绝的时候，一定心里头清清楚楚，不会得颠颠倒倒的，一定立刻就能够生到阿弥陀佛的西方极乐世界去的。

　　【释】　上边说临命终时，是说差不多要临终的时候。这里说是人终时，竟是命绝气断的时候了。一个人到这个时候，倘然平常时候不修的，这个心就一定乱得很。糊糊涂涂，昏昏沉沉，一些也捉摸不住了。应该堕落到地狱道去的，看见了刀山剑树，当他做很好的花园。应该堕落到畜生道去的，看见了驴马的胎，当他做很大的房屋。颠颠倒倒，不知不觉，就进去了。平常时候，念佛念惯的，没有恶业的，到了断气的时候，心思清清净净，安安定定，一心想生到西方极乐世界去见佛。自然就会到那阿弥陀佛来迎接的时候，拿的那朵莲花里头，跟随了阿弥陀佛一同去的。即得两个字，就是立刻能够得着的意思。有的人说道，西方极乐世界，隔开我们这里有十万亿个佛世界。这样的远，就是走几千万年，恐怕他还走不到，怎么能够立刻就生到那边去呢？要晓得一个人的心量，虽然有限制，不能够像菩萨那么大，但是已经很不小了。所有十方世界，完全在自己的心里头；所有种种的形相，都是从自己心里头现出来的。所以哪怕隔开得再远些，只要心一动，就已经到了那边了。譬如一个人从前出过远门的，现在想起那个地方来，心里头就清清楚楚的，像在眼前的一样。还有从前的书里头说，有人做梦，觉得到了一个地方去，看见种种东西，后来隔开了多少时候，真会寻到那个地方，同梦里所看见的，竟然一些也没有两样。可见得那个做梦的人，实在是到过那个地方去的。往生的人，同这两种情形差不多的。要晓得一个人的身体，都是前世的业报。念佛是一种清净的业。修了这种净业，到了后世，就自然应该受净土的福报。净土，是清净的国土，就是西方极乐世界。况且还靠了阿弥陀佛的愿力，来接引他。所以只消动一动念头的功夫，就能够在西方极乐世界现出相来。这就叫做往生西方极乐世界。并且一个人到了断气的时候，他家里头的人。万万不可以狂喊乱叫，高声大哭，使得这个人的心思，有一些些的扰乱。因为这个人,看到了家里头人悲伤的样子,听到了哭喊的声音,功夫差一点的,就要动起情爱来了。一动了情爱,有一些舍不得、放不下的意思。那心就要乱了,念头就要颠颠倒倒了,西方极乐世界,就要去不成功了。这个是最要紧,最是错不起的。所以人家家里头,若是碰到了有要临终的人,最要紧的,是大家要帮助他念佛,并且要高声念,使得他听得到。那末这个人的心思,就完全在念佛上边了,就不会散乱了,不会颠倒了,西方极乐世界就可以去得成功。就是气已经断了,身体还没有很冷的时候,若是哭的哭,喊的喊,他还是听得到的,听到了也还要心乱的。一定要等到他身体冷透了,才可以哭。凡是做儿女媳妇的人,能够帮助他的上辈,生到西方极乐世界去,才算是真正的大孝。这个功德,大得了不得。若是不明白大道理,只晓得尽我们这个世界上一些些的假面子,害得他上辈不能够生到西方极乐世界去,那就是真正的大不孝了。这个罪过也是大得了不得的。这一出一进的关系,实在是很大很大的。还有一层,也一定要晓得的。一个人气刚刚断,还没有冷的时候,虽然说是已经死了,但是他的灵性,还没有去得远,他的身体上碰不得的。因为碰着了,是很难受的,他还觉得着的。觉着了难受,他口里头虽然不会说了,但是他心里头，一定是很发火的，很怨恨的。那刚刚死的人，一发了火，一动了怨恨心，就不但是一定不能够生到西方极乐世界去，还恐怕要堕落到毒蛇恶兽那边去哩。所以一定要等到他的身体冷透了，才可以去揩他，搬动他，或是替他换衣服。这也是很要紧的，不可以不牢牢记着的。若是时候长久了，尸身的臂同了腿硬了，不能够把他湾曲转来穿衣服上去，可以用热水手巾，搭在臂湾腿湾里头，只消过一刻，就会发软了，好穿衣服了。

这三句，是说到了临终的时候，心思很定的，就立刻能够生到西方极乐世界去。

舍利弗，我见是利，故说此言。若有众生，闻是说者，应当发愿，生彼国土。

【解】 佛又叫舍利弗道，我看见只要一心念佛，就可以生到西方极乐世界去的大利益，所以说一心念佛的话。若是有听到我这种话的众生，就应该要发愿心，情愿生到西方极乐世界去。

【释】 是利两个字，是指上边一心念阿弥陀佛，就可以生到西方极乐世界去的利益。利益有两种的分别。一种叫自利，是自己得着利益。就是生到西方极乐世界去了，慢慢地修上去，就可以补到佛位。一种叫利人，是使得旁人有利益。就是生到了西方极乐世界去，见了佛，得了道，再回到我们这个世界上来，度脱众生，一同到西方极乐世界去。佛因为看见生到了西方极乐世界去，有这样两种的大利益，所以说劝人一心念佛的话。盼望众生听到了这种话，个个都发出大愿心来，念阿弥陀佛，求生到西方极乐世界去。但是我们要晓得，既然说生到了西方极乐世界去，有这样大的利益。反转来说，就是不生到西方极乐世界去，就没有利益，只有祸害了。既然不生到西方极乐世界去，就没有利益，只有祸害，那还可以不赶紧的拼命念佛，求往生么！这个没有利益只有祸害的缘故，下边就会说明白的。譬如有两样东西在这里，一样是很好的，一样是很坏的。随便你什么人，自然拿好的，决没有拿坏的。那末现在有两个世界，一个是很好的西方极乐世界，一个是很苦的我们这个娑婆世界，还有不想快快生到西方极乐世界去的么！还有舍不得丢开这个娑婆世界的么！况且不生到西方极乐世界去，要想在我们这个世界上修行，那就不晓得要修到哪一世，才会修得成功哩。因为我们这个世界上，寿命既然短得很，照现在时候，平均算起来，活到七十岁,已经算是长寿了。因为现在正是减劫的时代,照算起来,人的寿命只应该有七十岁。况且一天一天过下去,将来的寿数,还要更加短下去么。又没有亲看见佛,亲听到佛说法。也没有许多菩萨、声闻天天在一块儿。现在又是末法时代,邪魔外道,外道同了邪魔有分别的。邪魔,是有害人的意思的。外道,不过他们的知识见解是不正当的。凡是不合佛法修行的,都可以叫做外道。引诱人走到迷路上去的这种人到处都是。我们这些人的根机,又都是很浅薄的,哪里就会得到真正的佛法,就在这一世上修成功呢?佛说过的,末法时代,就是有亿亿人修行,也难得有一个人能够修成功,只有念佛求生到西方极乐世界去,才能得免了这生生死死的苦。所以除了这个念佛方法,求生到西方极乐世界去,无论用什么方法,要在这一世上修成功,终是来不及的。若是到了下一世,就不晓得生到什么地方、哪一道里头去了。又像上边所说过的五种难处,也不晓得能够免去不能够免去哩。若是不能够免去,那末要修也很难很难了。倘然堕落到了三恶道去,那就不晓得哪一世才能够得着人身哩。你们不要说,我这一世不做什么恶事,下一世不会堕落到三恶道去的。要晓得一个人的受报应,不一定受前一世的报的。报应有近报远报的分别。或是报前一世,或是报

120

前二世、前三世、前十世、前二十世,都说不定的。你们保得住前生、前前生,都没有做过恶事么?就算下一世不堕落到三恶道去,下一世竟然得到好报应,做极快活的人。但是越快活,越容易造业。越有权势钱财,造起业来,越大越厉害。那末再下一世决定要受不得了的苦报应了。所以前边说不生到西方极乐世界去,就没有利益只有祸害,就是这个缘故。何况下一世保不住一定不堕落到三恶道去呢!细细想来,实在可怕得很。所以我们现世既然得了人身,又晓得了念佛求生到西方极乐世界去的最简便、最稳当的方法,万万不可以错过这种机会,不赶紧求生到西方极乐世界去的。因为机会难得,一错便千生万劫,难碰着了。只看要修成了佛的,哪一尊佛,不是修了好多劫数的年代才成功的。就像释迦牟尼佛,也是修了三大阿僧祇劫才成了佛的。等到做印度太子的时候,是已经修成了佛,再来现生说法的。现生,是现出这种投胎到世界上来做人的相。并不是真正只有几十年,就修成功的。所以现在靠了阿弥陀佛的大愿心,有了这个念佛求生西方极乐世界去,一世就可以补到佛位的好方法,佛就再三再四地劝我们。我们若是不听他,就很对不住佛的一片很好的心了。这个罪过,也就不小了。因为别种方法修行,一定要修到了恶业消灭尽了,各种微微细细的迷惑,都破得干干净净了,才能够修成功。现在所讲的念佛求生到西方极乐世界去的方法,可以带了业去的。一到了西方极乐世界去,得着了宿命通,晓得了前世造的罪业,只要在阿弥陀佛面前,自己认了罪,诚心的忏悔,就都可以消去的。况且照《观无量寿佛经》上说,若是诚心念佛。就是念了一声南无阿弥陀佛,已经可以消去八十亿劫生死的重罪,何况是天天念佛呢。还有一层,也不可以不晓得的。我们这些人,在六道里头,出出进进,不晓得多少次数了,哪里会没有业呢? 若是真没有业的,怎么还会在这个世界上做人受苦,不在西方极乐世界受快乐呢? 这是佛第二次劝人发愿,求生到西方极乐世界去。

这一段,是说佛看见了上边所说的种种利益,所以说这个专门念阿弥陀佛的方法,劝人发一心念佛求生到西方极乐去的愿。

舍利弗,如我今者,赞叹阿弥陀佛不可思议功德之利。

【解】 佛又叫舍利弗道,像我现在所以赞扬叹美阿弥陀佛,因为他有无量无边的功德。像前边所说种种功德的利益,真是想也想不到,说也说不完哩。

【释】 赞,是赞扬。叹,是叹美。美,就是好。叹美,就是赞他好的意思。释迦牟尼佛所以赞扬叹美阿弥陀佛的缘故,因为阿弥陀佛,有像上边所说的种种大功德,大利益。所以释迦牟尼佛为了我们一切众生,说这个念佛求生到西方极乐世界去的方法。这个方法,实在是少有的,实在是不容易听到的,听到了实在要感激阿弥陀佛的恩德的。所以又要称赞,又要感叹。不可思议,就是不是可以用心思想得到的,不是可以用说话讲得完的。很说这个一心念佛的功德,所得着的利益,又大又多。这样功德的利益,实在不是平常所有的利益。所说功德两个字,包括得很多。上边说过的种种依报、正报,同了一心念佛就可以生到西方极乐世界去,不会退回转来,一直可以补到佛位的种种功德,都包括在里头。

这两句,是说佛自己赞叹阿弥陀佛了不得的功德。

东方亦有阿閦鞞佛、须弥相佛、大须弥佛、须弥光佛、妙音佛。如是等恒河沙数诸佛,

【解】 在这个娑婆世界的东面,有无穷无尽的世界。那些世界里头的佛,像阿閦鞞佛等,不晓得有多少。

像那恒河里头的沙，数也数不清的。

【释】　阿弥陀佛的功德，最大最多。不独是释迦牟尼佛，称赞叹美，就是各方世界的佛，也都称赞叹美的。东方世界，有数也数不清的许多佛，也都称赞叹美阿弥陀佛的功德。阿閦鞞佛的阿閦鞞三个字，是梵语。照中国的解释，就是不动。佛的法身，是不生不灭的，永远不会变动的。阿閦鞞佛的名字，就是取这个意思。他的世界，叫欢喜世界，同了西方极乐世界差不多的。但是欢喜世界的人，虽然也是从各种花里头生出来，虽然也没有淫欲的事情，究竟还有男女的形相，所以没有西方极乐世界的好。须弥相佛，是说佛相的种种好处，都是从福德智慧两种上显出来的。譬如须弥山，是四种宝贝合成功的。大须弥佛，是说佛的福德大，智慧大，没有可以同他比的，像须弥山高过七金山一样。须弥光佛，是说佛的光，能够照到远处地方，借这个须弥山来，比喻佛光的大。妙音佛，是说佛的声音微妙，能够使得听佛说法的众生，都得着种种的利益。既然说东方的佛，多到数不清楚，为什么只提出五尊佛的名号呢？这是同了上边一千二百五十个大弟子，只提出舍利弗等十六位来一样的意思。恒河，是印度地方的一条很大的河，有四十里路的阔。佛说法的地方，离开这条河很近的。

这条河里头的沙,比了别条河里头的沙,格外地细,格外地多。所以佛要比喻多的地方,都是用恒河的沙来比的。东方的佛,有像恒河里头的沙这样地多,那还有数目能够说么?

这一段,是说东方佛的多。

各于其国,出广长舌相,遍覆三千大千世界,

【解】 上边所说的许多佛,各佛各在他们自己的佛世界里头,现出他们又阔又长的舌的形相来,把三千大千世界一齐遮盖起来。

【释】 一尊佛,管理一佛土,就是一个大千世界,所以叫各佛在各佛自己的世界里头。佛的身体,可以大,也可以小。小的不过一丈六尺,就是所说的丈六金身。照《观无量寿佛经》上说,也有现八尺的形相的。这都是现给凡夫,同了缘觉、声闻看的。若是大的,那就充满在虚空里头,同了虚空一样的大。并且一尊佛的身体,可以充满在虚空里头;十尊佛身,百千万亿无穷无尽的佛身,也可以各各充满在虚空里头。大家和在一块儿,并且大家各不相碍的。因为佛的法身,就是那不生不灭的真实心。心量是最大的,但是没有形相的。

125

《楞严经》上，佛对阿难说，要晓得虚空在你的心里头，像一片云在太清里头一样，何况所有的许多世界，还完全在这虚空里呢。看了这几句话，就可以晓得心的大，也就可以晓得佛的法身的大了。佛的法身，既然没有形相的，自然大家聚在一块儿，就不会大家相碍了。譬如一间房屋里头，点了许多的灯。那各盏灯的光，都是照满这间房屋的。灯光同灯光，尽管多得很，一些没有相碍的。所说的一切佛的法身是一个法身，就是这个意思。所以佛的法身，同了我们凡夫的身体是不同的。若是讲起真实的道理来，就是我们现在的身体，也不能够说是一定有形相的。只要想那些学邪术的人，有一种叫隐身法，能够把身体隐没了，一些形迹也没有。还有一种遁法，能够穿过墙壁去，没有阻隔。可见得一个人的身体，实在也可以说是空的。倘然不是空的，真有坚硬的东西，那末怎么能够隐没，怎么能够穿过墙壁呢？能够穿过墙壁，实在连了这墙壁，也可以说是空的，说是没有质地的了。所以佛经里头说，凡有看得见的各种形相，都是不真实的。这层道理，大家也应该明白的。还有一层，佛的法身，虽然是说没有形相的，但是也能够现出种种的形相来的。《观无量寿佛经》上说，或者现出大的身体来，就充满在虚空里头；或者现出小的身体来,就是一丈六尺,或是八尺。要现大,就现大;要现小,就现小,都可以的。广长舌相,是东方各世界的佛,要使得他们本国的众生,大家都相信释迦牟尼佛所说的这部经,所以显大神通,现出遍覆三千大千世界的广长舌来。盼望他们本国的一切众生,看见了这种舌的形相,又听见佛劝他们相信,就大家都相信领受,依了佛所劝的话去做,没有一些疑惑的念头。遍字,是周遍。就是各面都到的意思。覆字,是遮盖的意思。遍覆,就是没有一处不遮盖到。口业清净的人,舌一定长的。凡夫若是三世不打妄语,舌可以长过鼻尖。佛历来都没有妄语的。况且是为了嘱咐众生,要他们相信这第一等最圆满、最爽快的好方法,所以显的大神通。那末这个舌,自然大得了不得,可以遮盖到三千大千世界了。就是现丈六金身的佛,平常不显神通的舌,也可以遮盖过面孔,一直到头发边哩。

这一段,是说东方各世界的许多佛,现出又大又长的舌相来。

说诚实言:汝等众生,当信是称赞不可思议功德,一切诸佛所护念经。

【解】 东方各世界的佛,说诚诚实实的话道,你们这些众生,听到称赞这种心思想不到,说话讲不了的功德,并且所有一切佛,大家都保护、都记念的经,应该都要相信,不可以有一些疑惑的。

【释】 汝等两个字的解释,就是俗话里头的你们。当信是的是字,就是指这部《阿弥陀经》。称赞不可思议功德、一切诸佛所护念经十六个字,就是这部《阿弥陀经》原来的名目。鸠摩罗什法师,所以改叫做《佛说阿弥陀经》,有两个缘故。一个缘故,是要人常常听到佛的名字。一个缘故,是字数少,容易对人说,也容易使得人家记牢。这个发起信心、愿心,专门念阿弥陀佛,求生到西方极乐世界去的方法,实在是十方三世三世是过去世、现在世、未来世。凡是已经过去的时代,都叫做过去世。现在的时代,就叫做现在世。后来的无穷无尽的时代,都叫做未来世。一切的许多佛,向上一边说,自己修成功佛道;对下一边说,教化一切众生,从起初发心修行,直到后来究竟成佛的最最高、最最好的第一等方法。所以释迦牟尼佛说了这部经,东方一切的许多佛,各各现出广长舌的相来,表明白这个方法,是可以相信的。再同他们自己世界里头的,不论是圣人,是凡人,一切的众生说,你们都应该相信释迦牟尼佛所说的这部经。因为那些在法会里头的大众,法会,是讲佛法的会。若是已经修到了圣人的地位的,那是他方各世界许多的佛所劝导的话,都能够完全清清楚楚听得到的了。就是没有修到圣人地位的那些凡夫,听不到他方各世界许多佛劝导的话,但是他们各人自己世界里头的佛,也都劝导他们相信。那自然无论圣人凡夫,都能够照了这个方法去修了。这样看来,这种念佛求往生西方极乐世界的方法,实在是最合真道理,最合上等、中等、下等各种根机的方法。若再不相信,就很得罪各方世界的许多佛了。上边释迦牟尼佛的赞叹,是赞叹阿弥陀佛。这里各方佛的赞叹,是赞叹这部经。护念两个字,是保护记念的意思。凡是念佛的人,阿弥陀佛常常在他的头顶上保护他的。又念佛的人,阿弥陀佛常常记念他们,接引他们到西方极乐世界去的。现在说到各方的佛,那是不但是阿弥陀佛护念了,各方无穷无尽的佛,也都来护念了。我们这些人,还可以不赶快的依了这部经里头所说的方法,生出信心来,发起愿心来,念《阿弥陀经》,念阿弥陀佛,求生到西方极乐世界去!

这一段,是东方各佛,称赞这《阿弥陀经》,劝众生相信。

舍利弗,南方世界,有日月灯佛、名闻光佛、大焰肩佛、须弥灯佛、无量精进佛。如是等恒河沙数诸佛,各于其国,出广长舌相,遍覆三千大千世界,说诚实言:汝等众生,当信是称赞不可思议功德,一切诸佛所护念经。

　　【解】　佛又对舍利弗说道,在我们这个世界的南面,也有无穷无尽的世界,无量无边的佛,也都恳恳切切的,劝他们本国里头的一切众生,都要相信这经。

　　【释】　日月灯佛,是譬喻佛的智慧,能够破去根本的无明,就像那日光、月光、灯光,能够照到一切地方,消灭那黑暗的景象一样。名闻光佛,是说佛的名声大,可以使得十方一切的世界上,都听见,像那极明亮的光一样,能够照到远处地方。大焰肩佛的焰字,是火光;肩,是左右两个肩膀。借它来显明白佛的两种智慧。一种是方便的智慧。这一句,就是佛书里头所说的权智两个字。凡是佛讲经说法,实在都是方便,就众生的根机,对什么人说什么话,使得他们相信佩服,走进佛法的门里头去,慢慢地可以度脱他们。一种是真实的智慧。这一句,就是佛书里头所说的实智两个字。讲到佛法真正的理,实在是不可思议的,说起来总不免落到

130

偏的一边,只有用这个真实的智慧去觉悟的。用这个两种智慧,担当去做一切的佛事,所以说是肩。智慧能够照破无明,譬如像火的光,所以说是焰。佛的智慧最大,所以得这大焰肩的名号。须弥灯佛,是说灯光,像须弥山一样的高大。这也是比喻佛光,能够照到极远的意思。无量精进佛的无量两个字,有两种道理。一种是说修行经过的时候,长久得没有限量,同了上边菩萨里头常精进的名号差不多的意思。一种是说所做的事情,没有限量。那是赞叹佛的自利利他的功德。如是等恒河沙数诸佛各句的解释,同了前一节,都是一样的,可以不必再解释了。

这一段,是说南方的许多佛,也都称赞这《阿弥陀经》,劝众生相信。

舍利弗,西方世界,有无量寿佛,无量相佛,无量幢佛,大光佛,大明佛,宝相佛,净光佛。如是等恒河沙数诸佛,各于其国,出广长舌相,遍覆三千大千世界,说诚实言:汝等众生,当信是称赞不可思议功德,一切诸佛所护念经。

【解】 佛又对舍利弗说道,在我们这个世界的西面,无穷无尽的各世界里头的佛,也都劝他们本国里头的一切众生,要相信这经。

【释】 无量寿佛,同了阿弥陀佛同名的。你们要晓得,十方世界同名同号的佛,也多得了不得,不是数目可以算得清楚的。若是当做就是阿弥陀佛,不免太呆板了。因为一尊佛,就可以有无数的名号;一个名号,也可以有无数的佛。这也是不可以不晓得的。无量寿佛的名字,在前边解释彼佛寿命一句里头,已经详细讲过了的,这里不必再讲了。无量相佛,是说佛种种形相的好,没有限量。就像《观无量寿佛经》上说,阿弥陀佛,有八万四千种相;一种一种的相里头,又各有八万四千种的随形好。随形好,是跟随在这个形相上的好,每一种形相里头,还各有八万四千种连带的好相。一种一种的随形好里头,还各有八万四千种的光,实在也可以称他是无量光的。无量幢佛的幢字,同了幡差不多的,都是把它来做引导用的。不过幡是扁的,幢是圆的,或是六角的、八角的,竖起来很高的。借它来比喻佛的功德高大。幢的数目无量,就是表示佛的功德无量。大光佛,是说佛光最大,没有一处照不到的。大明佛,是说佛用了大智慧,破除一切的无明迷惑。没有了无明,那就是大明了。宝相佛,是说佛的形相好,比众不同的,像是各种的宝贝。还有一层,佛经里头,常常拿宝贝来称赞佛相的。像佛眉心中间的白毫相,说他是像琉璃筒,这就是所说的宝相了。净光佛,是说佛的光明,圆满清净。被这种光照到的人,就能够得着身心清净的利益。下边的几句,仍旧同前面一样解释的。

这一段,是说西方的许多佛,也都称赞这《阿弥陀经》,劝众生相信。

舍利弗,北方世界,有焰肩佛、最胜音佛、难沮佛、日生佛、网明佛。如是等恒河沙数诸佛,各于其国,出广长舌相,遍覆三千大千世界,说诚实言:汝等众生,当信是称赞不可思议功德,一切诸佛所护念经。

【解】 佛又对舍利弗说道,这个世界的北面,也有无穷无尽的世界。那些世界里头无量无边的佛,也都劝他们本国里头的众生,要相信这经。

【释】 焰肩佛,同了前面大焰肩一样的,已经解释过了。最胜音佛,是说佛的声音最好,胜过所有一切的声音。佛的

133

声音,总共有八种的好处。第一种叫做极好音。各种天上的人,同了声闻、菩萨说话的声音,也都是好听的,但是比了佛,终究是及不到。所以说佛的声音,是极好的,没有比得上的。第二种叫做柔软音。佛是大慈大悲的,所以发出来的声音,也是温柔和软的。第三种叫做和适音。和,是没有违背的意思,这是相当恰好的意思。佛所说的法,都是照了自己所证到的道理,依了听法人的根性的大小深浅,替他们讲演。向上合着自己所证到的道理,对下合着听法人现在的根机,两面都顾着,恰好地和合适当,一些没有根机同了教法不投机的说话。第四种叫做尊慧音。佛是一切众生里头最尊贵的。佛的智慧,是最广大的,所有发出来的声音,能够使得听到的人,心里头都尊重他的说法。并且能够使得听的人,增长许多的智慧。第五种叫做不女音。佛的十个名号里头,十个名号,在后面修行方法里头会说明白的。有一个是叫调御丈夫。调,是教化的意思。御,是引导的意思。丈夫,就是男人。俗语说的男子汉大丈夫,实在大丈夫三个字,只有佛能够说。佛的声音,能够使得天魔外道天魔,是天上的魔。听了都归伏他。不像那女人的说话,一味的柔软好听,没有威势的。第六种叫做不误音。佛的智慧,能够见到一切事情的真实道理,所以发出来的声音,一定没有一些错误的。第七种叫做深远音。深,是指竖里说的。远,是指横里说的。佛的声音,能够使得所有十方有缘的众生,大家都听见,没有上下远近的分别。第八种叫做不竭音。不竭,就是无穷无尽的意思。佛的说法,就是只说得一句,也有想不完的许多道理在里头的。佛有这八种的声音,所以说是最胜。难沮佛的沮字,是水的名目,有流动的意思。凡夫在轮回里头,生生死死的不了,就像流动的水。佛是已经证了法身,永远不会变动的了,所以说是难沮。还有一个解释,沮字,同阻字可以通用的。难沮,是说佛的威德神通,一切天魔外道,都难阻止住他。日生佛,是譬喻佛的智慧光,能够照到一切,像是太阳升起来了,各处都照到的意思。若是说佛光照了,可以破自己的无明,那是自利;若是说佛光照了,可以破众生的迷惑,那是利他。网明佛,大梵天王有一个宝珠的网,网上有一千颗宝珠,都有光发出来的。一颗一颗珠子的光,这颗照那颗,那颗照这颗,光头回折转来,更加明亮得了不得。佛的智慧,一切都能够照到,像大梵天王的珠网一样的明亮。这也是譬喻佛的智慧的。还有几句经,仍旧是照上边的解释。

这一段,是说北方的许多佛,也都称赞这《阿弥陀经》,劝众生相信。

舍利弗，下方世界，有师子佛、名闻佛、名光佛、达磨佛、法幢佛、持法佛。如是等恒河沙数诸佛，各于其国，出广长舌相，遍覆三千大千世界，说诚实言：汝等众生，当信是称赞不可思议功德，一切诸佛所护念经。

【解】　佛又对舍利弗说道，这个世界的下面，也有无穷无尽的世界，那些世界的一切佛，也都劝他们本国里头一切的众生，要相信这经。

【释】　师子佛的师子两个字，就是狮子，是野兽里头的王，只要他叫一声，各种的野兽，都吓得不敢动了。佛的说法，能够使得一切的众生，都相信他，佩服他，就是那天魔外道，也都归依佛法，像是狮子降伏一切野兽的情形差不多的。名闻佛，同了前面的名闻光佛差不多的，已经解释过了。名光佛，若是说佛的名声，像那日光照到远处一样，那就同上边的名闻光是一样的意思。若是分开来说，那末名，就是佛名；光，就是佛光。佛的大名声，一切世界，都能够传得到；佛的智慧光，一切世界，也都能够照得到。照这样解释，也可以的。达磨佛的达磨两个字，是梵语，就是中国文的一个法字。佛自己证得了法身，再说出各种的方法来，要使得一切众生，也都证得法身。自利利他，都在这个法字上边。法幢佛的幢字，有使得人家信仰的意思。幢字，在前边解释无量幢佛一句里头已经详细说明白了。佛法最高，一切的众生，都信仰的，所以拿幢来比。持法佛的持字，是拿定的意思。拿定了这种最妙的佛法，教化一切的众生，使得他们都能够脱离苦海，到极快乐的地方去。还有各句的解释，仍旧同前面一样的。

这一段，是说下方的许多佛，也都称赞这《阿弥陀经》，劝众生相信。

舍利弗，上方世界，有梵音佛、宿王佛、香上佛、香光佛、大焰肩佛、杂色宝华严身佛、娑罗树王佛、宝华德佛、见一切义佛、如须弥山佛。如是等恒河沙数诸佛，各于其国，出广长舌相，遍覆三千大千世界，说诚实言：汝等众生，当信是称赞不可思议功德，一切诸佛所护念经。

【解】 佛又对舍利弗说道，这个世界的上边，也有无穷无尽的世界,那些世界的佛,也都劝他们本国里头的一切众生,要相信这经。

【释】 梵音佛的梵字,就是梵天。梵天的人,没有情欲的念头,都是清清净净的。所以身、口、意三种业,都清净的修行人,就说他是修梵行。佛说的各种方法,都是教众生除去一切的烦恼,使得心里头好清净。所以佛的声音,也说他是梵音,就是取清净的意思。宿王佛的宿字,就是星宿。月称星宿的王,因为无数的星光,都比不上一个月光的亮,所以说他是王,譬如佛在一切众生里头,最尊最贵的意思。香上佛,是说佛是香中最上等的香,佛证得了五分法身的香。五分法身香,是说用了五种功德的香,熏出这个法身来,所以叫做五分法身香。五种什么功德香呢?第一是戒香。自己心里头,没有贪心、瞋心、痴心等种种恶心,就叫做戒香。第二是定香。对了外边的种种境界,不管他是好、是坏、是苦、是乐,心里头总是一些也不动,就叫做定香。第三是慧香。明白一切真正的道理,不起一些些乱想的心,就叫做慧香。第四是解脱香。心里头清清净净,不去想念那一切的境界,逍遥自在,没有阻碍,就叫做解脱。第五是解脱知见香。既然自己的心不去攀缘外边的境界,也不放它落在空的一边,那末就应该多读各种佛经,多看各种讲佛法的书,可以加增出自己的智慧来,就叫做解脱知见香。上边所说的不过是就我们初学修行的人,学习那五分法身香的方法说的。若是讲到佛,那是已经完全证到了法身的,他的功德的香,就不是我们凡夫能够知道的了。○攀缘外边的境界,就是这个心,攀住在外边境界上的意思。缘字,也就是攀的意思。就是一切的大菩萨,也都比不上佛的功德香,所以说是香上。香光佛,是说佛的功德香能够发出光来的。像上边所说阿弥陀佛的光能够照到十方世界,没有一些阻碍,就是因为修了无量无边的功德,所以能够这样的。一个人能够诚心的念佛,心里头自然也会有功德的香光的。《楞严经》上,大势至菩萨说过的,这个念佛方法,叫做香光庄严。就是这层道理。大焰肩佛,同南方世界大焰肩佛,名号相同的。杂色宝华严身佛,杂色,不是一种的色;宝华,不是寻常的花;严身,是装饰自己的身体。譬如佛修了种种的功德,帮助成功显出这个法身来的意思。娑罗树王佛,娑罗,是梵语。照我们中国的解释,就是坚固。因为那种树,不论冬天夏天,总不改变的,所以说他坚固。树王,说是树里头的王。譬如佛证得了不生不灭的法身,在一切圣贤里头,最尊最贵的意思。宝华德佛,是说佛的种种功德,像是宝贵的花,应该欢喜赞叹的。见一切义佛,是说所有一切法的真实道理,没有见不到的意思。如须弥山佛,须弥,是最高最大的山。佛的功德,最高最大,所以说像须弥山。还有几句,仍旧是同前边一样的。释迦牟尼佛,所以引东、南、西、北、下、上六方许多许多的佛,称赞这部《阿弥陀经》的话来做见证,就是要证明白这部《阿弥陀经》,实在是很好很好;所说的修行方法,实在是最容易。所以各方无穷无尽的佛,都称赞,都劝众生相信。那末我们这些凡夫,还可以不相信么!这是佛要我们切切实实的相信,所以引这六方许多佛,现出广长舌的相来,劝他们本国里头的众生,都相信这部经的话,来做一个大大的见证,我们还可以不相信么!唐朝玄奘法师翻译的,叫做《称赞净土佛摄受经》,实在就是这部《阿弥陀经》。不过翻译的字句里头,稍稍有一些不同。那部经上,称赞这部经的佛,除了东、南、西、北、下、上六方,还有东南、西南、东北、西北的四方,总共有十方。现在这部经上,少去四方。因为已经有了东、西、南、北、下、上六方,可见得东南、西南、东北、西北四方的许多佛,也一定是一样称赞的,所以不必一齐翻译出来了。各方的佛,称赞这经,实在也是阿弥陀佛的愿力。因为阿弥陀佛,做法藏比丘的时候,发的四十八个大愿心里头,有一个愿心说道,我若是成了佛,一定要十方世界所有的佛,都称赞我的名号。倘然不能够这样的,我就不愿成佛。现在各方的佛都称赞,就是满了这个愿心了。可见得一个人,只要能够发大愿心,将来一定总会成功的。

这一段,是说上方的许多佛也都称赞这《阿弥陀经》,劝众生相信。

舍利弗,于汝意云何,何故名为一切诸佛所护念经?

【解】 佛又叫舍利弗道,你的意思里头,怎么样想,为什么这部经,叫做所有各方世界的许多佛,大家都保护记念的经呢?

【释】 这部经原来的名目,叫《称赞不可思议功德一切诸佛所护念经》,为什么现在佛问舍利弗,单说《一切诸佛所护念经》,除去了上面的称赞不可思议功德八个字呢? 因为不可思议功德六个字,就是释迦牟尼佛所称赞阿弥陀佛的。在前边说依报正报的许多话,就都是称赞阿弥陀佛的种种功德,所以不必再讲了。只有这一切诸佛所护念的缘故,还没有说出来,应该也要讲讲明白。所以释迦牟尼佛特地提出来问的。

这两句,是佛要讲一切诸佛所护念经八个字,所以自己先问一句,下边是佛自己回答解释了。

舍利弗,若有善男子、善女人,闻是经受持者,及闻诸佛名者。

【解】 佛就自己回答解释道,舍利弗,若是有善男子、善女人,听到了这部经里头所说的念佛方法,能够领受记住的,或是听到这许多佛的名字的。

【释】 受持,是记住了上边所说的一心念阿弥陀佛的方法,依了去做。佛在《无量寿经》里头说道,有许多菩萨,要听这一心念阿弥陀佛,可以生到西方极乐世界去,一世上就成功佛的方法,都还听不到。那末听到这《阿弥陀经》,实在是很不容易的。现在我们这些人,都听到了,真是不晓得几世里修来的大福气。还可以不常常放在心上记住了,依了这个念佛方法去做么!《华严经》里头说,情愿受地狱的苦,能够听到佛的名字,不情愿生到了天上去,听不到佛的名字。那末听到佛的名字,也是很不容易的。现在我们这些人,在这部《阿弥陀经》里头，听到了许多佛的名字，真正是前生有根机的，还可以不常常记住么！

这一段，是说凡是听到过这部经里头劝人念佛的方法，能够依了它做的人，同了听到过许多佛名的人。

是诸善男子、善女人，皆为一切诸佛之所护念，皆得不退转于阿耨多罗三藐三菩提。

【解】 像这样的许多善心的男子、这样，就是指前边所说的，听到了《阿弥陀经》，能够依了这个方法去修行，同了听到六方许多佛名的人。善心的女人，都能够受着所有各方一切佛的保护，并且还常常承一切佛的记念。因为这个缘故，那些人修行的心，就都能够永远不退转来，并且渐渐地能够得着佛的智慧了。

【释】 阿耨多罗三藐三菩提，是梵语。翻译起中国话来，阿字是无字，耨多罗三个字是上字，三字是正字，藐字是等字，菩提两个字是觉字。合并起来说，就是无上正等正觉六个字。若是分开来讲，无上两个字，是最高最上的意思。正等两个字，是没有邪见偏见的意思。邪见偏见，下边解释五浊

143

恶世一节里头会讲明白的。觉字,是醒悟的意思。合并起来解释,就是佛的智慧,就是成佛。因为念佛的人,都靠托了各方世界无穷无尽的佛,保护记念的力量,所以修行的心,能够永远不退转来,一直到得着佛的智慧。照这样说法,就是这一世没有来得及生到西方极乐世界去,究竟生到西方极乐世界去的善根,已经种好了,一定有一天可以结成功圆满的果,可以生到西方极乐世界去,不回退回转来的。所以这部《阿弥陀经》,实在是最好的经,无论是圣人,是凡夫,都要依了这个方法去修的。

这一段,是说上边所说的两种人,都能够慢慢儿到佛的地位,不会退回转来的。

是故舍利弗,汝等皆当信受我语,及诸佛所说。

【解】 佛又叫舍利弗道,所以你们都应该相信领受我所说的话,同了许多佛所说的话。

【释】 说到汝等两个字,就见得不独是劝舍利弗一个人要相信,是劝那个时候所有听佛说法的大众,同了后来世界上一切的众生都要相信。所以浑称汝等。信字底下,再加一个受字，就是劝众生不但要相信，还要依了佛所说的话去做；能够晓得念了阿弥陀佛，有想不尽、说不尽的功德；就是相信释迦牟尼佛的说话，再能够晓得念了阿弥陀佛，一切的佛都保护我、记念我；就是相信六方许多佛的说话。所以说了信，还要说受。因为若然只是相信，并不肯依了佛所说要发愿、要念佛的话去做，那末同了不相信，有什么分别呢？譬如有人送一样宝贝来，虽然晓得这是一件宝贝，但是并不收受他，那末宝贝是宝贝，我是我，有什么益处呢？这是佛第三次劝众生发出信心来。

这两句，是劝众生要相信佛所说的话，要相信六方许多佛所说的话。

舍利弗，若有人，已发愿，今发愿，当发愿，欲生阿弥陀佛国者。是诸人等，皆得不退转于阿耨多罗三藐三菩提。于彼国土，若已生，若今生，若当生。

【解】 佛又叫舍利弗道，若是有人已经发愿，现在发愿，将来发愿，要生到阿弥陀佛的西方极乐世界去的，这许多人，无论已经，无论现在，无论将来，都可以生到西方极乐世界去的。并且还能够一直修到成佛，不会退回转来。

【释】　所说发愿，发什么愿呢？就是发要生到西方极乐世界去的愿。当字，是将来的意思。这一段的解释，是必须要把经的句子，倒过来讲，才容易明白。说已经发愿的人，已经生到西方极乐世界去了；现在发愿的人，现在就可以生到西方极乐世界去的；将来发愿的人，将来也一定可以生到西方极乐世界去的。说已经、现在、将来三种时候，就见得只要发愿心，无论什么时候，没有不能够生到西方极乐世界去的。独怕不肯发愿心，那是没有法了。并且生到了西方极乐世界去，就都能够得到佛的地位，不会退回转来的。就这一段看起来，这个愿心的力量，真是大得很哩。

这一段，是说凡是肯发愿心的人，没有不能够生到西方极乐世界去，得到佛的地位的。

是故舍利弗，诸善男子、善女人，若有信者，应当发愿，生彼国土。

【解】　佛又叫舍利弗道，所以舍利弗，你要晓得，许多有善心的男子,有善心的女人,若是有信心的,就都应该要发愿心,生到西方极乐世界去。

【释】 既然发了愿心,就没有一个人不能够生到西方极乐世界去。所以这些善男子、善女人,只要有了信心,就应该要发求生到西方极乐世界去的愿心。这是佛第四次劝众生了。若然不是像佛这样的慈悲,哪里肯这样的恳恳切切,一次、二次、三次、四次的劝呢?若然生到西方极乐世界去,不是有像上边所说过的种种好处,佛也哪里肯这样的不怕烦琐来劝人呢?我们这些人,还可以不信么,还可以不赶紧的发愿修行么!若是再不肯发愿修行,不要说对不住佛了,就是自已也觉得对不住自己,冤枉做了人,冤枉听到佛法了。

这一段,是佛末一次,劝人发生到西方极乐世界去的愿心。

舍利弗,如我今者,称赞诸佛不可思议功德。

【解】 佛又叫舍利弗道,像我现在称赞许多佛想不到、讲不了的许多功德。

【释】 六方许多佛，各各劝他们本国的一切众生，相信这《阿弥陀经》，就是六方许多佛的不可思议功德。释迦牟尼佛，引六方许多佛各各劝众生相信这经的话，同了说明白一切的佛，都保护记念那修行人，就是释迦牟尼佛称赞许多佛的不可思议功德。但是有一层，照这部经上说，是如我今者，称赞诸佛不可思议功德，若是照玄奘法师翻译的经本上，仍旧说是如我今者，称赞无量寿佛。那末两部经，比起来，不是不同了么？这是有道理的。《华严经》上说，十方诸如来，同共一法身。既然一切的佛，法身总是一个，那末阿弥陀佛，也可以说就是各方的许多佛；各方的许多佛，也可以说就是阿弥陀佛了。所以《观无量寿佛经》上说，看见了阿弥陀佛，就是十方的佛一齐看见了。这个道理，就因为一切佛的法身，同是一个的缘故。譬如天空里头的月，实在是只有一个。那月的影子，照到水里，那末海里也有月，江里也有月，河里也有月，井里也有月。哪怕一只缸，一只盆，只要里头有水，就都有一个月的影子了。天上的月，就譬如一切佛的法身，各种水里头月的影子，就譬如一切佛的应身。应身是从法身上现出来的相。就是一尊佛，也有无量无边的应身的。像《观无量寿佛经》上说，无量寿佛，化身无数。明白了这个道理，就可以晓得一个同了多个，没有什么分别的了。既然一个同了多个没有分别，就可以晓得一佛同了一切佛，也没有什么分别了。所以说称赞许多佛，也可以说就是称赞阿弥陀佛。况且既然说许多佛，那末阿弥陀佛，自然也在里头了。所以只看两部经的字句，像是不相同的，但是讲起道理来，实在是一样的。《华严经》上又说，心佛及众生，是三无差别。照这两句的解释，是说我们自己本来有的真心，同了一切佛的心，一切众生的心，说起来虽然像是三种，实在没有高低分别的。要晓得一个人的心里头，本来完全满足无量无边的功德，同十方三世一切的佛是一样的。所以有众生就是佛的说法。只因为众生被那无明迷住了，不能够觉悟，对了自己心上现出来的各种虚假的境界，认做是真实有的，就起了种种乱念头的心，造出种种的业来，所以常在那六道轮回里头，冤枉受那生生死死的苦，不能够证得自己真实的法身。照外貌上说起来，众生同佛，那是天差地远了。但是众生虽然没有证得自己的法身，他们心里头的功德，实在丝毫也不曾减少，还是同佛没有两样，没有分别的；只要能够把一切的乱念头，完全抛开了，就可以显出自己的法身来的。虽然说是显出自己的法身，实在也就是许多佛的法身，也就是一切众生的本体。

所以讲起真正的道理来，不独是一切佛的法身是相同的，就是我们众生的本体，也同许多佛相同的。所以我们现在念阿弥陀佛，实在也可以说就是念自己的心。要晓得所有一切的境界形相，没有不是从自己的心里头变现出来的。阿弥陀佛的形相，就是自己的心。一切众生的形相，也都是自己的心。就是我们现在自己的身体，也就是自己的心。这层道理，只要把梦来一想，就可以明白了。一个人做梦的时候，梦里头的境界，有自己的身体，有旁人的身体，或者还有种种众生的身体。醒转来一想，自己的身体，明明的睡在床上。那末梦里头的境界，哪里来的呢？所有自己的身体，旁人的身体，同了种种众生的身体，究竟是哪个呢？还不是完全从自己的心里头造出来的么。晓得了梦里的境界，是自己的心里头造出来的，就应该晓得醒时候的种种境界，也都是自己的心里头造出来的了。梦里头的境界的确是虚假的，醒时候的境界，也哪里是真实的呢？明白了一切都是从心里造出来的道理，那末自己的心造出来的佛，怎么能够不恭敬呢！自己的心造出来的众生，怎么能够不爱惜呢！能够用这样的心念佛，可以说是真正的念佛了。

这两句，是说释迦牟尼佛称赞许多佛的功德。

彼诸佛等，亦称赞我不可思议功德。而作是言：释迦牟尼佛，能为甚难希有之事，能于娑婆国土，五浊恶世，劫浊、见浊、烦恼浊、众生浊、命浊中，得阿耨多罗三藐三菩提。

【解】 他们许多佛，也都称赞我想不到、讲不了的许多功德。说这样的话道：释迦牟尼佛，能够做这样很烦难、很少有的事情，能够在这个娑婆世界，有五种坏处的恶世界上——劫浊、见浊、烦恼浊、众生浊、命浊里头，这五种浊，讲起来很长的，只好看下边的解释了。得到了无上的佛道。

【释】 上边一段，是释迦牟尼佛，称赞了六方许多佛的功德，自己又总结一句。这一段，是六方许多佛，称赞释迦牟尼佛的功德。从释迦牟尼佛一句起，到下边一段，说是一切世间难信之法的一句。总共十一句，都是六方许多佛称赞释迦牟尼佛功德的话。五浊恶世的浊字，就是污秽不洁净的意思。五种浊，就是劫浊、见浊、烦恼浊、众生浊、命浊。现在先把他一件一件的大略讲一讲。劫浊的劫字，就是前边说过的大劫时代。虽然说劫浊并没有什么污秽的事情，因为有下边的四种浊，才造成功这个劫浊的。但是在这个时代里头，有成、住、坏、空四个中劫。每一个中劫里头，又各有二十个小劫。到了每一次的坏劫，又会轮流生出各种的大灾来。到了每一个小劫的末了，又会发生出三种小灾来。人的寿命，又忽然加多，忽然减少。有这样种种的坏处，所以也可以算它是一种浊。见浊有五种。第一种是我见。因为人都执定了有一个我，有我的一个身体，就有了这种我的见解，就要分别出旁人来了。因为我同了旁人有了分别，就生出种种不合正当道理的心思来了，造出杀、盗、淫、妄等种种的业来了。第二种是边见。边见，就是偏见，就是不正的见解，偏在一边的见解。或是因为执定了一个人，死了就没有了，没有什么好报应、苦报应的，就算造恶也不要紧，造善也没有用。或是因为执定了我们这个世界上的众生，做人的，终是做人，做畜生的，终是做畜生。也不会做了恶事，受苦报应；做了善事，受好报应的。所有的见解，都是这样偏的。第三种是戒取，有一种外道，假说守了他们各种的戒，就可以得怎样的好结果，不明白道理的人，就会上他们的当，不走正路，走邪路了。或是假托了他们种种的说法，就要旁人施济他们的钱。第四种是见取。因为执定了自己的见解，黑的定要算他是白的，非的定要算他是的，自己总不肯认错，就生出争斗的念头、争斗的事情来了。第五种是邪见。凡种种不合正当道理的见解，都是邪见。因为这五种见解，都可以束缚住一个人。在这个生生死死里头，不能够跳出三界去，所以都叫做浊。烦恼浊也有五种。第一种是贪。有了贪心，就这样也要，那样也要；这样也舍不得，那样也舍不得。不但是永远不能够脱离这个世界，并且因为有了贪心，就造出种种的业来了。第二种是瞋。碰到一些些不称心的事情，就发火，不能够忍耐一些。因为发了这个瞋心，就要造无穷无尽的恶业。第三种是痴。一些些不明白道理。是的也不晓得是，非的也不晓得非。正路也可以走走，邪路也可以走走，自己都不能够觉得，都不能够分辨。这样的人，怎么可以修道呢？第四种是慢。对了随便什么人，一味的骄傲，一味的自大，没有一些些虚心、恭敬心。这样的人，学随便什么事情，都不能够有上进，何况修学佛法呢？第五种是疑。无论做什么事情，最不好是有疑惑心。有了疑惑心，就要想做，又想不做，要想不做，又想做，心里头七上八下，没有一些主意。这是修行所最不相宜的。这五种也都是扰乱心思，使得一个人，多生出烦恼来，不得一些些清净，所以叫做浊。众生浊，因为众生永远在六道里头生生死死，就是做了人，也要受生、老、病、死等种种苦恼。若是到了畜生、饿鬼、地狱三恶道里头去，那更加说不尽的苦了。像这种样子的受苦，没有脱离的日期，所以叫做浊。命浊，就是一个人在我们这个世界上，一年四季冷暖没有一定，时时催人老死，一口气呼出来了，就不晓得还能够吸回去不能够吸回去。人的寿命，像朝晨的露水一样，一眨眼就可以没有的，真是危险得很，所以叫做浊。照这五种的浊说起来，那第一种的劫浊，实在是被后面的四种浊造成功的。生在我们这个世界上的众生，都是免不了这五种浊的。若是生在西方极乐世界，那就没有成、住、坏、空的各种劫，也没有大小三种灾，是没有劫浊。众生都有正当的知识，正当的见解，是没有见浊。众生的智慧都很高的，心念都很清净的，是没有烦恼浊。天天在一块儿的，都是声闻、菩萨，不受三界里头生生死死的苦，是没有众生浊。寿命都是同佛一样无穷无尽的，是没有命浊。所以西方极乐世界叫清净土，就因为没有这种种污秽的缘故。

　　这一段，是说释迦牟尼佛在我们这个污秽世界上，能够得道是很不容易的。

为诸众生,说是一切世间难信之法。

【解】　为了许多众生,说这样世界上一切众生所难得相信的方法。

【释】　念佛求生到西方极乐世界去的方法是太简便了,所以世界上的人,都不容易相信的。要在这样污秽的世界上修行,已经是很难了。释迦牟尼佛,不但是在这样污秽的世界上修行,并且在这样污秽的世界上得道,不是难上加难么。还要在这样污秽世界上,说这样大家不容易相信的念佛求生到西方极乐世界去的方法,是又加上一层难处。释迦牟尼佛劝化众生的慈悲心真是了不得,所以各方的许多佛,都要称赞他。难信两个字的上边,加一切世间四个字,可见得这个方法,不独是生在恶道里头的众生不会相信,就是人道天道里头,也多有疑心的。不独是愚笨的人不会相信,就是聪明的人,也多有疑心的。不独是凡夫不会相信,就是声闻、缘觉,也多有疑心的。所以说一切世间难信。为什么难信呢?实在是因为修这个方法太简便、太容易了。照这样简便容易的修法,得着的利益,应该很少了。哪里晓得,竟然能够生到西方极乐世界去,并且还可以一世上就能够成佛。这种样的大利益,难怪人家不肯相信了。不要说那个时候,忽然听到这样希奇的说法不肯相信。就是到现在已经过了二千九百多年了,有许多高明的大法师,把这种念佛往生的道理,详详细细的说明白了。还有许多一心念佛的人,真实生到了西方极乐世界去的,像那《往生传》,同了《净土圣贤录》这两部书里头,所记的生到西方极乐世界去的人,实在真不少,都是有名、有姓、有地方、有年代,临命终的时候,还有种种特别的好景象,确实靠得住,可以做得证据的。尚且还有许多人,不相信哩。他们不相信的缘故,在什么地方呢?就是把各种修行的方法,同念佛的方法比较起来,觉得这个念佛的方法,实在希奇得了不得。因为旁的种种方法,无论你所修的工夫怎样的高,所悟的道理怎样的深,若是有一丝一毫的烦恼,没有断得尽,就万万不能够了生死,出三界了。念佛的方法,无论怎样高等的根性,<small>根是根机,性是种性,就是各种根机的心性。</small>不能够跳出这个方法外边去;无论怎样下等的根性,也可以进到这个方法里头来。就是烦恼业障<small>业障</small>两个字,下边解释《往生咒》的题目里头,会详细说明白的。极深极大的人，也都可以仗了阿弥陀佛慈悲的愿力，接引他生到西方极乐世界去的。那些不相信念佛方法的人，只把那靠自己力量了生死的方法，去辩论这靠佛力了生死的道理。那是不知道靠自己的力量了生死，是普通的方法，这念佛求生到西方极乐世界去，是特别的方法。若是知道了这个道理，那些明白的人，就个个都要一心一意地修这个念佛方法了，不肯把这种就在这一世上可以了生死的大利益，让旁人独得了。你们须要知道，佛最要禁戒人说谎话，所以佛决不会说谎话的。佛所说的这种方法，一定是真正靠得住的。大家断断乎不可以不相信，不可以有一些疑惑的。关系自己的将来，比了什么事情，都还大哩。

这两句，是说佛专门为了众生说这样念佛求生到西方极乐世界去的方法。

舍利弗，当知我于五浊恶世，行此难事，得阿耨多罗三藐三菩提；为一切世间说此难信之法，是为甚难。

【解】　佛又叫舍利弗道，你应该要晓得，我在这样五种污秽的世界上做这样信愿念佛的难事情,得成功了佛道,为了世界上所有一切的众生,说这样难相信的方法,实在是很难的。

【释】 上边两段,是六方许多佛称赞释迦牟尼佛功德的话。释迦牟尼佛,把这些话告诉舍利弗听的。从这里起,是释迦牟尼佛自己说的话了。行此难事一句,就是佛说我从前也是修这个用信心、愿心,专门念佛,求生到西方极乐世界去的方法的。这个方法,很容易的,为什么叫做难事呢? 因为一切世界上的人,都不容易相信这种事情,所以叫做难事。佛做这种难的事情,就成了佛道。这种话,恐怕有许多人不相信。但是请不相信的人,详详细细地多读几百遍、几千遍《普贤行愿品》,《普贤行愿品》是《华严经》里头的一品,专门讲发愿心、念佛求生到西方极乐世界去的。就会把那不相信的心,翻转来变做很相信了。佛做了这种难的事情,才能够成佛道的。又为了一切世界上的人,说这种难相信的方法,是难上加难,所以说是甚难。甚字,就是很字、极字的意思。上边各方的许多佛,说了难。这里释迦牟尼佛自己,又说种种的难。那末真是很难的了。实在说起来,是很容易的。因为人都不相信,所以变成了很难了。释迦牟尼佛慈悲得很,把这种很难相信的方法,说给我们听。我们肯依了这个方法去修,再劝导一切的众生也修这个方法,才可以对得住佛,不至于辜负佛的大慈大悲的恩德了。释迦牟尼佛说念佛的方法,到这里已经完了。

这一段,是总结得道同了说法的难。

佛说此经已,舍利弗,及诸比丘,一切世间天人阿修罗等,

【解】 佛说完了这部《阿弥陀经》,舍利弗同了许多比丘僧,还有天道里头的人,人道里头的人,阿修罗等种种众生,

【释】 一切世间天、人、阿修罗等,就是说世界上一切的天、人、阿修罗。加一个等字,是包括八部六道一齐在里头的意思。八部,第一是天上的人。第二是龙。第三是夜叉,就是在虚空里头飞行的鬼,是神道的一类。第四是乾闼婆,就是在玉帝那里管音乐的神。第五就是阿修罗。第六是迦楼罗,就是金翅鸟。大得很的,两个翅膀,在两旁边,隔开有三百三十六万里远哩。专门吃龙的。第七是紧那罗。像人的样

子,不过头上有角的。也是在玉帝那里管乐器的神。第八是摩睺罗迦,就是大蟒,也叫地龙。从佛说此经已一句起,一直到底,都是阿难所记大众听佛说法的情形,不是佛说的话了。

这一段,是重新说听佛说法的许多众生。

闻佛所说,欢喜信受,作礼而去。

【解】 听到了佛所说的这部《阿弥陀经》,大家欢喜得很,都相信领受,礼拜了佛,各回到自己的原地方去了。

【释】 上边所说的许多众生,听了佛所说的话,大家觉得从来没有听见过这样好的方法。所以大家都欢喜得很,都相信得很,一些没有疑惑的心。大家都领受了佛所说的话,永远记住了,不放它忘却,并且很感激佛说法的大恩大德。所以大家都行一个礼,拜谢拜谢佛,各自回去了。到这里末了,阿难也说到信受两个字。可见得这一部《阿弥陀经》,最要紧的,就是这一个信字。实在因为这个信字,是发愿同修行的根本。能够信了,才肯发愿心,才会实在地去做念佛的功夫。一部《阿弥陀经》最要紧的,就是信、愿、行三个字。大家都要记牢了。

拔一切业障根本得生净土陀罗尼

【解】　这是咒的名目。是什么咒呢？是可以拔除一切业障的根本，业障两个字，讲起来很长的，只好看下边一节解释了。能得生到净土去的咒。

【释】　这个咒，就是大家叫他《往生咒》的，念了能够生到西方极乐世界去的。要生到西方极乐世界去，虽然只消念阿弥陀佛。虽然念了阿弥陀佛，也可以消除罪业的。但是业消得越多越好，越快越好。除了念佛消罪，还有别的方法可以帮助了消罪的，自然是更加好了。所以又有这一种咒，念了可以拔除种种的业障。现在先把业障两个字讲明白了。障字，是遮盖的意思，又是阻碍的意思。因为能够遮盖我们本来清清净净的真性，能够阻碍我们跳出三界的门路，所以叫做障。障有三种。第一种叫烦恼障,第二种叫业障,第三种叫报障。因为有种种烦恼,就造出种种的业来。造了种种的业,就要受种种的报应。并且因为造了种种的业,又下了种种烦恼的种子。受了种种的报应,又生出种种的烦恼来。所以这种烦恼,实在是业障、报障的根本。念了这种咒,就能够使得烦恼不生起来,那就是拔去了业障的根本了。没有了业障,自然就不会有报障了。净土,就是西方极乐世界。因为西方极乐世界清净得很,没有一些烦恼;洁净得很,没有一些污秽,所以叫做净土。我们念佛修行,求生到西方极乐世界去,简便些说起来,就叫修净土。陀罗尼三个字,是梵语。就是中国文的总持两个字。总字,有不分散的意思。持字,有不失去的意思。就是咒的别名。

南无阿弥哆婆夜。哆他伽哆夜。哆地夜他。阿弥唎都婆毗。阿弥唎哆。悉耽婆毗。阿弥唎哆。毗迦兰帝。阿弥唎哆。毗迦兰哆。伽弥腻。伽伽那。枳多迦隶。娑婆诃。

【解】 这就是咒。咒是佛秘密的话,像我们军营里头，秘密的号令，只可以自己人知道，不可以宣布的。所以各种咒，都是只照梵语的声音念的，从来没有翻译的，但是咒的灵验，实在是了不得的。

【释】　念完了一遍《阿弥陀经》，就应该把这一种咒，接连上去念三遍。一个人在念这种咒的时候，无论日间夜间，阿弥陀佛常常在这个人的头顶上面保护他，不放那同他有怨仇的人害他；在这个世界上的时候，常常保护他，安安稳稳，等到寿命完的时候，就可以接引他生到西方极乐世界去。所以这个咒，是很有大利益的，应该要常常念的。

附一：修行方法

印光法师鉴定

皈依弟子黄智海演述

凡是要念经、念佛的时候，先要把手洗干净了，点三枝香，或是烧一些檀香，都可以。先念香赞，再念开经偈，念过了，念《阿弥陀经》。不过念《阿弥陀经》的前，还要念南无莲池海会佛菩萨三声，《阿弥陀经》念完了，念《往生咒》三遍，再念赞佛偈，偈念完了，念阿弥陀佛同了观世音、大势至、清净大海众菩萨的名号。末后再念回向偈和三皈依。照这个样子念，才算成功一堂功课。现在我把修念佛方法的人所念惯的各种，都写在下边，并且也用白话来大略解释一遍。

香赞

赞字,是称赞的意思,就是称赞烧香的功德。赞,同了偈,都有发愿的意思在里头,香赞有好几种,下边所写的,是大家念《阿弥陀经》念惯的一种。

炉香乍热,法界蒙熏,诸佛海会悉遥闻,随处结祥云。诚意方殷,诸佛现全身。

【解】 第一句说,香炉里头的香,刚刚烧起来。第二句说,所有的十方无穷无尽的世界,就都受到了这个香气的熏了。第三句说,许多的佛,同了像海这样大的法会,都远远的闻到这个香气。第四句说,香烧出来的烟,随便什么地方,都结成功了吉祥的云。第五句说,烧香的人,刚刚动了至诚恳切的念头。第六句说,就感动了许多的佛,现出全身来了。

【释】 烧香的意思,是把香来供养佛和菩萨的,所以念经、念佛，必定要烧香的。并且供养佛、菩萨的心，要放得大、放得远。不但是供养眼面前所供的佛、菩萨，连十方所有的佛、菩萨，一齐要供养的。但是第一件要紧的事情，就是要有诚心。心诚了，才能够感动各方的许多佛、菩萨。乍字，是刚刚的意思。法界，就是十方无穷无尽的世界。蒙字，是受着的意思。熏字，是熏着香的意思。海会，是佛的法会。就是佛说法的地方。说到一个海字，是形容它又多、又大。像海一样的意思。悉字，是完全的意思。遥字，是远的意思。殷字，是恳恳切切的意思。合并起来讲，是香炉里头的香，刚刚烧起来，十方法界，都已经受着这种香气的熏了。许多的佛，同了各处讲佛法的会场里头，都一齐远远的闻到这个香气。并且香气在虚空里头，结成功了吉祥的云。烧香人的诚心，方才恳恳切切地发出来，许多的佛，就现出他们金色的全身来，给烧香的人看。这都是烧香人发了诚心，才能够感动佛、菩萨，有这样种种的显应出来。念这种香赞，还有一种意思，就是在上香的时候，要发一种愿心，情愿我所烧的香，十方世界，都能够受到这种香气；那十方法界里头，各法界的众生，都可以把我所烧的香，去供养各方的佛、菩萨。那末我一个人烧了香，供养佛、菩萨，就譬如各法界的众生，都帮助我烧了香了,都帮助我供养了佛了。并且还情愿我所烧的香,不但是供养我面前的佛、菩萨,所有十方法界的许多佛、菩萨,情愿一齐供养到。那末在一个地方烧了香,就譬如到十方法界各处佛、菩萨那里,都烧了香了。愿心发得这样的大,功德也就随了这个愿心,大起来了。

南无香云盖菩萨摩诃萨(三称、三拜)。

念三遍,拜三拜。这一句同了上边的香赞,一定要连在一起念的。念了香赞,一定就要接上去念这一句的,这一句的意思,就是念经的人,烧了香,这种香气,冲在虚空里头,结成功了云,像宝盖一样,所以叫香云盖。这香云盖里头,就有许多佛、菩萨,在那里受烧香人的供养,所以要拜。这种拜法,不独是拜了眼面前所供的佛、菩萨,直是拜了虚空里头无穷无尽的佛、菩萨,所以功德很大的。

开经偈

凡是念经的前头,必须要念这种开经偈的。偈本来就是称赞颂扬的意思。开经偈就是开头念经的时候,先称赞颂扬了经的好处,再接下去念经,这是念经的规矩。

无上甚深微妙法　　百千万劫难遭遇
我今见闻得受持　　愿解如来真实义

【解】　第一句说,很高、很深,并且很微细、很奇妙的佛法。第二句说,就是经过几百、几千、几万劫的年代,也很难碰得到的。第三句说,我现在能够看见,能够听到,还能够领受,并且依了方法去做。第四句说,情愿明白佛的真正实在的道理。

【释】　无上两个字,是没有比这个更高的意思。微字,是微细的,不是粗浅的意思。妙字,是又好又奇的意思。百千万劫,说年代的长久,几几乎不可以数目来计算。遭字,同了遇字,是一样的,都是碰到的意思。说这样好的佛法,哪怕经过百千万劫的时代,也很难碰到的。解字,是明白的意思。如来,是佛的名号。佛总共有十种名号,就是如来、如字,是真实不动的意思。来字,是佛的智慧光,一切都照到的意思。应供、佛的智慧满足、福德满足,所以说是两足尊,有了这样的大功德,自然应该受一切众生的供养了。**正遍知**、正字，是没有偏见、邪见的意思。遍字，是周遍的意思，凡夫外道的知见，是偏的、邪的，不能够说是正知。声闻、缘觉、菩萨的知见，虽然是正的，但是不能够周遍，所以也不能够说是遍知。独有佛才能够当这个名号。○知见，就是知识见解。**明行足**、明，是三明，得了宿命通、天眼通、漏尽通，叫三明。行，是指身、口、意三业。身、口、意三业，完全真正清净，只有佛能够做到。因为明同了行，都满足了，所以叫明行足。**善逝**、逝字，是去的意思，就是实在到不生不灭的那边岸上去了，不会再退到这个生死海里来的意思。**世间解**、世界里头，同了跳出三界的一切因果法，没有不了解的意思。○了解，就是明白。**无上士**、士，是人中最有知识的，不是庸庸碌碌的平常人。无上，是最胜的，没有能够胜过他的。**调御丈夫**、前边解释阿弥陀佛经北方世界里头，已经解释过了。**天人师**、师，是先生，是师父，是教师。天人师，是天同了人的教师。**佛**。梵语叫佛陀，是中国的觉字，解释就是觉悟的意思。这个十种名号，都是称佛的。佛有这十种的功德，在各世界里头，最是尊重，所以又叫做世尊。不过称佛的时候最多。如来，同了世尊两种名号，也还常常称的。那八种名号，就不很常称了。这第三第四两句，是说我现在能够见到、听到，并且还能够领受着。依了方法去做，是何等样的福气呢。但是见闻受持，仍旧不过是文字上面的功夫，我现在不独是晓得了文字，就算了，还情愿要晓得佛的真真实实的道理哩。佛的真实道理，就是不生不灭。就是佛的寂照圆融的真心，寂，是寂静。照，是用智慧光照了一切都能够明白的意思。寂，是定的功德。照，是慧的作用。前边如来二个字的解释，同这寂照两个字的意思道理，都是一样的。圆，是圆通。融，是融合。佛的真心，虽然是寂然不动的，但是智慧的光，一切都能够照到，虽然智慧的光，能够照到一切境界，但是这个心，却仍旧是寂然不动的。寂不碍照，照不碍寂，所以叫寂照圆融。〇作用两个字，很难用俗语来解释，勉强说起来，差不多有手段的意思，有做法的意思。也就是众生的真心。佛同了众生的真心，是一样的，没有两样的。这种道理，能够明白透了，才算是懂得佛法。上边的南无香云盖菩萨摩诃萨，念了三声，拜了三拜，就应该接上去念这个开经偈一遍，念过了，再念下边的。

南无莲池海会佛菩萨（三称、三拜）

念三遍，拜三拜。凡是要念经，开头一定要念三遍佛菩萨。不过念什么佛菩萨，那就不一定了，就要看所念的什么经了。现在念的《阿弥陀经》，是专门讲西方极乐世界的，是要修到西方极乐世界去的人念的。因为西方极乐世界去的人,都是在七宝池里头的莲花中间生出来的,所以一定要念莲池海会佛菩萨。简单说起来,就是归依西方极乐世界佛菩萨。这一句念过了,就念《阿弥陀经》了,但是念《阿弥陀经》,一定要连佛说阿弥陀经一句,一齐念的,念了就接念如是我闻,一直念下去,念完了经,再念《往生咒》三遍,就念下边的赞佛偈了。

赞佛偈

赞佛偈,是称赞佛的偈颂,称赞各佛的偈,各各不同的。这下边的偈,是专门称赞阿弥陀佛的。因为现在所念的,是《阿弥陀经》,所以要念称赞阿弥陀佛的偈。

阿弥陀佛身金色	相好光明无等伦
白毫宛转五须弥	绀目澄清四大海
光中化佛无数亿	化菩萨众亦无边
四十八愿度众生	九品咸令登彼岸

【解】 第一句说,阿弥陀佛的身体,是同金子的颜

色一样。第二句说,阿弥陀佛的形相,是很好的,全身的光,是很明亮的。并且这种形相,这种光明,没有可以比得上的。第三句说,阿弥陀佛两个眉毛中间的一根白的毫毛,向右边宛转卷的是顺了旋转的意思。有五币,是周围的意思。好像五座须弥山一样的大。第四句说,阿弥陀佛的眼,青色带些红色,清明得很,并且很大,像四道大海。第五句说,阿弥陀佛的光里头,化现出来的佛,不独是一亿、十亿、百千万亿,竟是没有数目的亿。第六句说,光里头化现出来的菩萨,也是无量无边的多。第七句说,四十八个大愿心,都是度脱众生的。第八句说,生到西方极乐世界去的人,虽然是分九品,但是都要他们到那边的岸上去,就是到没有生死的那边去。

【释】 阿弥陀佛身体的颜色,是极好极好的金色,不但是我们世界上的金,不能够比,就是天上的金,也不能够比。讲到阿弥陀佛的形相,那真好得了不得。显现给凡夫,同了小乘看的丈六金身,已经有三十二相、八十种好了。若是显现给菩萨看的,竟然有八万四千种相;每一个相里头,还有八万四千种的好；每一种好里头，又有八万四千种光明。这样的好法，那自然没有同阿弥陀佛一样的了。等字同了伦字，都是一样的意思。须弥山，在山里头是最大的。阿弥陀佛两条眉毛中间的一根毫毛，直有五座须弥山这样大，还了得么。这根毫毛是雪白的，所以叫做白毫。并且是八楞的，中间是空的，有很大的光明的。现在塑在的佛像额上，嵌一颗珠子，就是显明白这根白毫的地位。讲到这根毫毛，向了右边旋转围绕五币的样子，那就没有法子可以显明白了。绀字，是青色带红色的一种颜色。澄字，也是清的意思。阿弥陀佛做法藏比丘的时候，发过四十八个大愿心，都是度脱众生跳出三界，生到西方极乐世界去的愿心。因为生在我们这个世界里头，有种种的烦恼事情，容易造业，永远跳不出这生死的轮回。那西方极乐世界的人，是只有修种种的真实功德，没有造业的。并且寿命很长很长，没有穷尽的日期，所以一世都可以修到候补佛位的大菩萨地位。东西两个世界，_{东方的娑婆世界、西方的极乐世界。}譬如两条海岸。我们生到西方极乐世界去，免去了这生生死死，譬如已经离开了这边有生死的岸，_{就是娑婆世界。}到了那边没有生死的岸上去了。_{就是极乐世界。}这前四句，是赞阿弥陀佛的相貌庄严。第五第六两句,是赞阿弥陀佛的神通广大。末两句,是赞阿弥陀佛的大誓愿、大恩德无穷无尽。这一个赞,很好很好的。是宋朝时候,桐江地方,一位择瑛法师做的。

南无西方极乐世界,大慈大悲,阿弥陀佛

念了这一遍,就接下去念南无阿弥陀佛六个字的佛号。给人家受快乐,叫做慈。拔去人家的苦,叫做悲。阿弥陀佛能够拿成佛的乐处来给人,能够拔去人生死的苦,所以称做大慈大悲。

南无阿弥陀佛

最少念五百声,或是一千声、二千声。这种念佛的数目,是做一堂功课的说法。若是全天的念佛,那末能够念一万声,几万声,更加好。不过应该连南无两个字一同念。若是只念阿弥陀佛四个字,虽然也可以的,不过不加上南无两个字,就不能够显明白恭敬的意思,那末功德就差些

了。念的时候,低声念、高声念、坐着念、跪着念、盘着膝念、向了右边绕圈子念,都可以随便的。若是心要散乱,只要念的时候,自己听自己念的声音,一个一个字,都要听得清清楚楚,就可以渐渐的心不乱了。这是收束心思,除去乱念头的第一个好法子。念完了,再念三声,拜三拜,或是九拜、十二拜、二十四拜、四十八拜,随各人的意思,都可以的。

南无观世音菩萨摩诃萨(三称、三拜)

念三声,拜三拜。

南无大势至菩萨摩诃萨(三称、三拜)

念三声,拜三拜。

南无清净大海众菩萨摩诃萨(三称、三拜)

念三声,拜三拜。上边三行,都是佛同了菩萨的名号,没有什么意思可以解释的。所以只说念的方法，观世音、大势至两位大菩萨，也是在西方极乐世界的，同了阿弥陀佛，大家称他们做西方三圣的。念佛的人，到了临终的时候，这两位大菩萨，同了阿弥陀佛，都来接引念佛人，生到西方极乐世界去的。所以念了阿弥陀佛后，这两位大菩萨的名号，也都要念的。清净大海众菩萨，是所有的一切菩萨，都是很清净的。大海众说菩萨的多，譬如大海一样，就是所有一切的菩萨，也要一齐念念，一齐拜拜的意思。

十念法

十念法，是专门为了事情极多极忙的人，想的最方便、最简单的方法。不论在什么地方，不论在什么时候，能够早晨起来就念，自然是最好。有供好的佛，就向佛三拜。没有供佛，就面向了西，拜一拜，或是深深的作一个揖，都可以的。不过要念南无阿弥陀佛六个字的，不论念几声，尽一口气念下去。气长的，一口气念十几声也好；气短的，一口气念几声也好。总共念满十口气，再念下边那一种最简单的回向偈一遍，再向佛三拜，或是向西拜一拜，或是深深的作一个揖，就算完了。这个就叫做十念法。只要诚心照这个法子念，也可以生到西方极乐世界去的。因为也是阿弥陀佛四十八个大愿心里头的一个愿。下边回向文里头会说明白的。所以念了功德也很大的。

回向偈

修行的人，不论念经、念佛，念完了，一定要把回向偈念一遍的。回字，是旋转的意思。向字，是归向的意思。就是把这个念经、念佛的功德，都旋转回来，一齐归向在求生到西方极乐世界上面去。不但是念经、念佛要回向，就是做了一些些无论什么善事，也都要回向在求生到西方极乐世界上面去。积得功德多一分，往生的希望也就多一分。倘然不回向在求生到西方极乐世界上面去，就恐怕下一世得天道，或是人道的福报，福报越大，造业越容易。那末再下一世，就很可怕了。所以必定要回向在求生到西方极乐世界上面去，那末可以盼望就在这一世上，生到西方极乐世界去了。但是回向偈，也多得很，各人有各人念惯的。我把修念佛方法的人常常念的几种写出来,解释解释,使得各人都可以晓得,平常所念的回向偈,究竟是什么意思。讲到应该念哪一种,那是随便各人喜欢的,喜欢念哪一种,就念哪一种,都是一样的。

第一种

愿以此功德　庄严佛净土　上报四重恩　下济三涂苦

若有见闻者　悉发菩提心　尽此一报身　同生极乐国

【解】　第一句说,情愿把这个念经、念佛的功德。第二句说,帮助阿弥陀佛的净土,格外的好。第三句说,把这种念佛、念经的功德,上头报答父、母、师长,同了佛的四重恩德。第四句说,下边救济畜生、饿鬼、地狱,三恶道的苦恼。第五句说,若是有看见,或是听到我念经、念佛的人。第六句说,大家都要发出道心来。第七句说,等到这一个身体受完了报应。第八句说,就大家一同生到西方极乐世界去。

【**释**】 庄严两个字，实在不容易把白话来解释清楚。西方极乐世界种种的好处，虽然是阿弥陀佛的愿心和功德所成功的，但是也可以说是众生本来有的功德一同成功的。所以众生念了经、念了佛，就可以仗了这种念经、念佛的功德，使得西方极乐世界格外的端庄尊严，就是格外的好。并且西方极乐世界，就是众生自己的清净心里头，现出来的形相，仗了念经、念佛的功德，可以使得自己心里头，现出来的西方极乐世界，格外的好，这个道理，是很深很深的，若是懂得，自然最好，若是不懂，就不要理会他，只要一心念佛，慢慢地自然而然会明白的，不消性急得的。所说的四重恩，第一是父，第二是母。因为一个人的身体，是父母所生的。没有父母，哪里来的身体呢？所以父母的恩，一定不可以忘记的，一定要报答的。第三是师长。一个人的学问，都是师长所教的。这教导的恩，也不能够不报的。若是出家人的师父，是传授佛法的，那是恩德更加大了，更加不能够不报了。第四是佛。我们在世界上，受种种的苦恼，佛发大慈大悲的心，教导我们，劝化我们，用种种的方法，使得我们跳出这个生死的苦海。这种恩德，又不是父、母、师长的恩，所可以比得的了，所以更加不可以不报了。讲到畜生、饿鬼、地狱三恶道，为什么要去救济他们呢？这是前边已经讲过的，就是发菩萨的心，发大乘的心，不像小乘只晓得免除自己的苦，不肯度脱旁人的苦。第五第六两句，是求佛、菩萨暗里头帮助我，使得看见我念经、念佛的人，或是听到我念经、念佛的人，都能够自然而然的发出道心来。第七第八两句，是情愿大家就在这一世上，一同生到西方极乐世界去。这都是菩萨心、大乘心。而不是自己只顾自己的小乘心。上一句的报身，就是我们这些人的身体，都是受前生所做种种善业恶业的报应的，所以叫做报身。尽此一报身，就是说大家受完了这一世的果报不再受那虚假生死的果报身体。下一句同生极乐国，是祝祷凡有看见、听见我念经、念佛的人，也都发心念经、念佛，求生到西方极乐世界去，并且也一同受着我回向的功德，生到西方极乐世界去。回向的话，若是每句的字数，多少一样的，叫做回向偈。句子长短不一样的，叫做回向文。无论是回向偈、回向文，总是以发愿为正主的。

第二种

愿生西方净土中　　九品莲花为父母

花开见佛悟无生　　不退菩萨为伴侣

【解】　第一句说,情愿生到西方净土那里去。第二句说,九品的莲花,做我的父母。第三句说,莲花开了,见到了佛,就可以明白无生的道理了。第四句说,同了不会退回转来的菩萨,在一处做同伴。

【释】　要发愿生到西方去,大家都已经晓得了,但是西方的世界,多得很,有净土,也有秽土,并且还有半秽、半净的土。现在发愿生到西方的哪里呢,所以要说明,情愿生到西方的净土中。但是西方净土,也多得很,情愿生在哪里的净土呢,所以又说明情愿生在莲花为父母的净土,那就是阿弥陀佛的极乐世界了。因为凡是生到西方极乐世界去的,都是从莲花里头生出来的,所以莲花就可以算是父母了。但是往生的人,功夫很有高下的分别,所以莲花也分做九品。等到这个莲花开了,就可以见到佛、菩萨的金面,听到佛、菩萨的说法。不过莲花开的早晚,那就很有分别了。上品、上生的，一到西方极乐世界，立刻莲花就开，立刻可以见到佛。上品、中生的，经过一夜，莲花就开，就可以见佛。上品、下生的，经过一日一夜，莲花才开。七日里头，可以见佛。中品、上生的，也是到了西方，莲花就开的，但是虽然见到佛，听到了佛法，也只能够先证小果，不能够就悟无生的道理，所以比不到上品、上生的人。中品、中生的，到第七日，莲花才开，可以听到佛法。中品、下生的，生到了西方极乐世界去，再要经过七日，方才见到观世音、大势至两大菩萨，能够听到佛法。下品上生的，必须经过四十九日，莲花方才开放，见到观世音、大势至两大菩萨，说佛法给他听。下品、中生的，要经过六劫，莲花才能够开放，观世音、大势至两大菩萨，说佛法给他听。下品、下生的，直要满十二大劫，莲花才能够开放，观世音、大势至两大菩萨，说佛法给他听。听到了佛法，这个心就可以开悟了。那本来没有生、没有灭的道理，也就会明白了。并且到了西方极乐世界去，自然有许多只有向上修，不会退转来的菩萨，像观世音、大势至等许多大菩萨，都同在一块儿做朋友。侣字，同伴字一样的，伴侣两个字，就是同伴的意思。这个偈，也都是发愿的话。念这个偈的时候，第二句九品莲花为父母的九字，可以改做上字,因为愿要发得高,愿意将来上品上生,发了愿,只要自己修行的工夫够得上,将来一定会应的。

第三种

十方三世佛	阿弥陀第一	九品度众生
威德无穷极	我今大皈依	忏悔三业罪
凡有诸福善	至心用回向	愿同念佛人
感应随时现	临终西方境	分明在目前
见闻皆精进	同生极乐国	见佛了生死
如佛度一切	无边烦恼断	无量法门修
誓愿度众生	总愿成佛道	虚空有尽

我愿无穷　虚空有尽　我愿无穷

【解】　十方三世无穷无尽的佛,要算阿弥陀佛,是第一了。有九品的莲花,来度脱世界上的众生。佛的威严功德,都是无穷无尽的。我现在皈依了佛,忏悔身业、口业、意业,三种的罪。凡有所修的福德,或是善根,都诚心把他来回向到西方极乐世界去。情愿同了所有念佛的人,感动阿弥陀佛,随便什么时候,现出相来。到我们临命终的时候,西方极乐世界的境界,清清楚楚的,现在眼面前。所看见的、听到的,都能够发增长精进勤修、生到西方极乐世界去的心,将来一同生到西方极乐世界去,见到了佛,就可以免这个生生死死的苦,得到了佛道,就可以度脱一切众生,像佛的愿心一样。所有无量无边的烦恼,一定要断绝他。无量无边修行的方法,一定要学会他。立誓发愿,要度脱众生。立誓发愿,要学成功佛道。虚空还有尽头的地方,我的愿心,永远没有穷尽的时候。

【释】 说阿弥陀佛第一,就是指下边的威严功德。忏字同悔字,一样是懊悔的意思。不过忏是忏从前已经造的业,求他消灭,悔是悔后来不再造业。感应的感字,是念佛的众生,用极诚恳的心,去感动佛。应字,是佛来应众生,众生不去感动佛,佛不会来应众生的。见佛了生死,是见到了佛,听到了佛的说法,渐渐的开悟了。无明一分一分地破了,破去一分无明,显出一分真性,那自然不会再堕落到生死的路上去了。无边烦恼断四句,完全说起来,是众生无边誓愿度,烦恼无尽誓愿断,法门无量誓愿学,佛道无上誓愿成。这四句叫菩萨四宏誓愿。宏字,解释是大,就是发大愿心的意思。修行的人,一定要发这四种大愿心,才能够修成功大乘菩萨。若然不是发这样的大愿心,那就只能够成功小乘的声闻了。所以这种四宏誓愿,修行的人,也应该每天要念的,应该要发这样的大誓愿的。这四句的第一句,解释起来,众生有无量无边的多,我应该要立誓发大愿心,一齐度脱他们。第二句,我们凡夫的烦恼,无穷无尽的,都应该要立誓发大愿心,一齐断除他。第三句,修行的法门,无量无边的多,应该要立誓发大愿心,一齐学成功他。第四句,佛的道理最高、最深,应该要立誓发大愿心,修成功他。虚空是无穷无尽的,现在说他有尽,是譬喻的意思,就是说哪怕虚空有尽,我的愿心,是没有穷尽的。若是有一些不满足我这个愿心,那末我修行的功夫,就永远没有停歇的时候。再说一遍,是显得这个愿心,切实得很,坚决得很的意思。

第四种

一心皈命,极乐世界,阿弥陀佛。愿以净光照我,慈誓摄我。我今正念,称如来名,为菩提道,

185

求生净土。佛昔本誓，若有众生，欲生我国，志心信乐，乃至十念，若不生者，不取正觉。以此念佛因缘，得入如来大誓海中。承佛慈力，众罪消灭，善根增长。若临命终，自知时至，身无病苦，心不贪恋，意不颠倒，如入禅定。佛及圣众，手执金台，来迎接我。于一念顷，生极乐国。花开见佛，即闻佛乘，顿开佛慧。广度众生，满菩提愿。十方三世一切佛，一切菩萨摩诃萨，摩诃般若波罗蜜。

【解】 一心一意把自己的性命，归托极乐世界的阿弥陀佛。情愿阿弥陀佛放清净的光来照我，把慈悲的誓愿来摄取我。誓愿两个字，是说立誓的愿心是坚决的愿心。摄字，在下边一段解释里头会讲明白的。我现在用正正当当的念头，称佛的名号，因为发了度脱众生的道心，所以求生到净土去。阿弥陀佛，从前有四十八个大愿心里头，本来有一个愿说道，若是有众生，要生到我的国里头来，只要他一心相信,喜欢念佛,念佛只要诚心,就是念得很少,只不过念十口气的佛,也可以生到净土来的。若是念了十口气的佛,仍旧不能够生到我的国里头来,我就不愿成佛了。因为阿弥陀佛发过这个大愿心,所以只要肯念佛的人,没有不能够往生净土的。现在我靠了这个念佛的因缘,能得进到佛的大誓愿海里头。这一句,在下边一段解释里头,会详细讲明白的。承蒙佛慈悲的力量,使得我许多的罪业,一齐都消灭去。使得我的善根,渐渐的增加长大起来。到了临终的时候,自己可以预先晓得,并且身体上没有病痛苦恼,心里头没有贪爱这个世界的意思,也没有舍不得离开这个世界的意思,念头一些不颠颠倒倒,很安安定定的。像参禅的人,入了定一样的。这两句,在下边一段解释里头,会详细讲明白的。阿弥陀佛,同了观世音菩萨、大势至菩萨,还有许多的菩萨、罗汉等,手里头拿了金台,来迎接我,只消转一个念头的时候,就已经在莲花里头,生到了西方极乐世界去了。莲花一开,就能够见到佛,就能够听到佛的说法。听到了佛法,登时立刻,本来有的同佛一样的智慧,也就开发显现出来了。到了这个时候,仍旧回到我们这个世界上来,度脱许多的众生,才算满了我度脱众生的愿了。我现在一心归依十方,同了三世的许多佛,归依许多的菩萨。归依用了大智慧到彼岸的佛法。

【释】 慈誓的誓字,就是誓愿,是发的愿心,就是阿弥陀佛的四十八个大愿心。摄字,是收取的意思。慈誓摄我一句的意思,就是情愿阿弥陀佛,用他慈悲的誓愿来收取我,使得我不走到别的路上去。大誓海,是指阿弥陀佛的四十八个誓愿,因为这四十八个大愿心,大得了不得,所以拿海来比喻。以此念佛因缘、得入如来大誓海中两句的意思,就是靠了这个念佛的因缘,能够感应佛的誓愿的意思。也就是念了佛,就能够生到西方极乐世界去的意思。如入禅定一句,是说参禅的人,专门定了心,静坐了参究佛的道理,等到功夫深了,一心一意,没有一些旁的乱念头的时候,就是口中的呼吸,也没有了,一坐定了,可以经过许久的时候,差不多像死的一样,这就叫入定。这里的如入禅定,是比喻心定不散乱的意思。金台,是莲花下面的座子。有几种的分别,上品上生的,是金刚台。上品中生的,是金台。品级低下去,就是银台了。乘字,就是车子,前边已经讲过了的。佛乘,就是最上乘的佛法。佛慧，就是佛的智慧。我们这些人的智慧，本来是同佛一样的，因为被种种的烦恼，遮盖住了，所以智慧就发不出来了，所以就成了凡夫了。现在听到了佛法，所有的烦恼，一齐破了，本来有的智慧，自然就显出来了。十方佛，是就地位方向说的。三世佛，是就时候说的，就是过去、现在、未来，没有来的时代。三个时代的佛。般若，是梵语，就是智慧。波罗蜜，也是梵语，就是到彼岸。合并起来讲，就是用了大的智慧，度过了生死海，生死海，是指三界有生死的，所以叫做生死海。到那边的岸上去，那边的岸，是指西方极乐世界。就可以不生不死了。这一句，就是说佛法。这末后三句，就是三归依的意思。第一句是归依佛。第二句，是归依法。第三句，是归依僧。从头上一心归命起，一直到满菩提愿，都是发愿回向的话。既然发了愿，就应该要归依佛、法、僧三宝，所以末了又加上这三句。照这个样子，一篇发愿回向的文字，才算完全哩。○这一篇文字，是宋朝时候一位道行很高的大法师慈云大师做的。这位大法师，很了不得的，念佛功夫很深很深的，做了劝人修净土的书，也有好几种，他这一篇文字，虽然不很长，但是意思已经说得很圆满的了。

三皈依

修行的人，没有归托依靠，就觉得心思摇摇动动，没有靠托了。一定要归依佛、法、僧三宝，才可以有着落。所以受三皈依，是学佛的第一步。回向过后，一定再要念这种三归依，一堂功课，才可以算有一个结束，才可以算得圆满。但是念三皈依的时候，每念到一段的末一句，就应该拜一拜，等到三段一齐念完，拜完起来的时候，再问一个讯，就算圆满了。问讯，是出家人的话。讯字，同问字一样的意思。问讯的样子，同在家人作揖差不多的，先把两手合拢来，放在胸前，再放下去，到膝盖地方，再拱手上来，到眉心地方。所以叫做问讯，是取问候的意思，也就是显明白恭敬的意思。

自皈依佛　当愿众生　体解大道　发无上心

【解】　自己归依了佛，应该要发愿，盼望众生，大家明白佛的大道理，发出最高的道心来。

【释】 修行的人,不独是自己顾自己,一定要顾到众生,才可以算是发菩萨心,发大乘心。所以要发大愿心,盼望众生大家都明白佛的大道理。体解的体字,是体贴到的意思,就是明白的意思。大道就是佛的道理。无上心,就是大慈大悲的佛心,度脱众生的心。

自皈依法　当愿众生　深入经藏　智慧如海

【解】 自己归依了佛法,应该要发愿心,盼望众生,大家的知识,都能够进到佛经的深固幽远,最奥妙的道理里头去。道理不是粗浅的,所以叫深。佛法不可以破坏的,所以叫固,有坚固的意思在里头。秘密的真理,不容易明白的,所以叫幽。没有穷尽的,所以叫远。奥,是深奥。妙,是极好。使得大众的智慧,像海一样的大,一样的深。

【释】 经藏,就是佛经。所说的都是佛法,既然归依了佛法,就应该一心一意的在佛法里头用功。深入两个字,就是认真用功,自己的心,同了佛经上所说深妙的道理,都觉得相合,没有一些抵触的意思。既然心能够同佛经上深妙的道理相合,那末自然智慧一天增长一天,直像海一样的大,一样的深了。

自皈依僧　当愿众生　统理大众　一切无碍

【解】　自己归依了僧,应该要发愿心,盼望众生,大家都做大法师,许多的出家人,都归他管理,并且大家都和合在一块儿,一些没有妨碍。

【释】　统字,是总共的意思。理字,是管理的意思。譬如做了寺院里头的方丈,那末所有寺院里头的出家人,就都归他管理。现在既经归依了僧,就应该盼望众生,大家将来都能够做大方丈,或是做大法师。所有出家的人,一齐都归他管理,并且大家都是很和气的,合在一块儿,你不碍我,我不碍你。

和南圣众

【解】　和南两个字,就是顶礼。先把两手合拢来、放在胸前。再把右手移开、慢慢的向下,身体也慢慢的弯下去,右手按着了地,再把左手也按着了地，头便在那两手的中间、叩至地上，再把两手分开来，放在头的左右两边，慢慢的翻转来，手掌向上稍停一刻，手再翻回来，按着地上，把身体慢慢的起来，仍旧把两手合拢来，放在胸前。再照前面所说的样子拜下去，这个叫做顶礼。也叫头面接足礼，因为头着了地，两手分开，放在头的左右两边，是接住佛的两足的意思，所以叫接足，这种礼拜，是最恭敬的。**显出恭敬的意思来。圣众，是许多的圣人，所有一切的菩萨、罗汉，都包括在里头。起初先拜佛，中间念经，末后拜一切菩萨，同了贤圣的僧人，可以显出从起初到末了，总是敬礼三宝的意思。**

【释】 这一句，实在并不在三皈依正文里头的。念三皈依的大众，只要念到一切无碍，就完了。这一句，是应该敲磬子的人唱的，是叫各人一齐顶礼菩萨、罗汉，同了一切贤圣僧，拜三拜就算功课完了，各人都可以退了。

附二：莲池大师西方发愿文简注

印光法师鉴定

李圆净编述

稽首西方安乐国　　接引众生大导师　　我今发愿愿往生　　惟愿慈悲哀摄受

　　偈文初二句，是表归命于佛的意思。后二句，是表求佛加护的意思。稽首，是以头着地，稽留少顷才起来，是表恭敬到极处。诚与敬，实在是超凡入圣，了生脱死的唯一极妙秘诀。发，是激动义，好比箭离弓弦，势不中止。愿，是希求义，信、愿、行三事，是念佛法门的宗要。有愿，必有信、行，缺一不可。具足无缺，决定往生。蕅益大师说，得生与否，全由信、愿之有无；品位高下，全由持名之深浅。这是千古不易的铁案。

（一）发菩提心　修净业的人，应当先发菩提心，方能和佛的本愿相应，所以必要以发菩提心为正因，以念佛为助缘，然后求生净土，即得一生成办。如果欠了这一着，便是人天的小果。

　　弟子某甲，普为四恩、三有，法界众生，[一]求于诸佛一乘无上菩提道故，[二]专心持念阿弥陀佛万德洪名，[三]期生净土。[四]

　　[一]四恩，是父母恩、众生恩、三宝恩、本国恩。三有，有欲界、色界、无色界。法界众生，是十方世界无量一切的众生。〇这两句，是指所缘的境。因为这心既有所依，才有所发，但境有广狭远近的不同，四恩最近最狭，法界众生最远最广。三有居中，所以发心也是从亲至疏，由近到远。[二]这是说我发心念佛，不但专为自利，直想四恩、三有，法界众生，都能度脱，得一乘无上菩提之道。〇这一句，是指能发的心。[三]专心，是心里没有一点杂念。持念，是念念不会忘记。万德洪名，是表一名具足万德。〇这一句，是指所念的佛。[四]末句，是指所希望的地方。

　　（二）忏悔三障　这一段，是承上文说的，虽然念佛发心，求生净土，但末世众生如此钝劣，如此罪障，必要急求忏悔，障碍既除，必得往生。如果欠了这一着，便受三涂的恶报。

又以业重、福轻，障深、慧浅，染心易炽，净德难成。[一]今于佛前，翘勤五体，披沥一心，投诚忏悔，[二]我及众生，旷劫至今，迷本净心，纵贪、嗔、痴。染秽三业，无量无边，所作罪垢，无量无边，所结怨业，愿悉消灭。[三]

[一]业，即是十恶。身有三，谓杀、盗、淫。口有四，谓妄言、绮语、两舌、恶口。意有三，谓贪、嗔、痴。言业重，便是十恶都造，或一心一意地想作恶。福，即是十善，也就是十恶的反面。言福轻，谓单修一善，或泛泛然为善。又如方才念佛，便说口酸；刚想礼佛，又道腰痛之类，这都是因为福轻的缘故。障，有两种：那尘缘逼迫，和魔外纠缠，便是外来的障；疾病早死，和愚疑颠倒，便是内发的障。言障深，便是内外交攻，或才想修行，就生恶病；才能向道，即遇邪师之类。慧，有闻思修的方便慧和见道的真实慧之分。言慧浅，便是闻熏薄解，或未得内凡，便说已超佛地；稍通世智，就夸已入悟门。染心，即贪、嗔、痴。言易炽，就是说贪恋心，像藕丝般牵连不断；嗔怒心，似火焰般容易燃烧；愚痴心，似密织网愈缚愈深。又有一种人，觉得一些儿染著，便至累月牵怀；片语不投机，就此终身结怨的。岂非染心易炽。净德，即戒、定、慧。言难成，谓

戒,则对于各种律仪,只是持少犯多;定,则对于大小禅那,时觉造修无地;慧,则对于权实妙智,常苦没法证悟。或者才登戒品,已破浮囊;一入禅堂,就觉昏掉的。岂非净德难成。倘到了这般田地,自必要深生惭愧之心,痛自克责,恳切忏悔,才是道理的。〇这四句,是说忏悔的因由,就是说我们为什么要忏悔。[二]五体,就是两肘、两膝和额。因为从前身犯恶法,所以必要五体翘勤而忏,这是表外面仪式的恭敬。披沥,就是开发洗荡。因为从前意起贪嗔,所以今日必要一心披沥而忏,这是表内心的恭敬。投诚,是以我之诚,归投于佛。忏悔,是断相续心。〇这四句,是说忏悔的方法。就是说我们要怎样的忏悔。[三]我及众生,便是不止一人了。旷劫至今,便是不止一生了。须知众生所造的罪业,是从无始以来,生生世世,互为眷属主伴的,互相佐助引发的,既然是共同的造业,就应当共同的忏悔。无量无边,便是不止一处了。又有五种意义:一约心,言一念尘劳,具有八万,何况相续。二约境,言一处所作,已自无量,何况十方。三约事,言一业若成,罪无边际,何况诸业。四约时,言一生所作,亦应无量,何况旷劫。五约人,言一人所作,已自无边,何况众生。所以业如果是有形状的,便虚空也容受不了。迷本净心句,是忏烦恼障。染秽三业句,是忏业障。所结怨业句,是忏报障。愿悉消灭,便是愿这三种障都消灭了。〇这十句,是正陈忏悔,就是说为什么事方忏悔。

　　(三)立四宏誓　修行如果没有誓愿,便防有退失之虞,因此要用这四法自制其心。如果欠了这一着,便易生懈怠。

从于今日,立深誓愿。远离恶法,誓不更造。[一]勤修圣道,誓不退堕。[二]誓成正觉,[三]誓度众生。[四]

[一]初四句,即是烦恼无尽誓愿断。因观众生被贪、嗔、痴、邪见所恼害,不能自拔,故立此誓。这是依集谛发心的。[二]次二句,即是法门无量誓愿学。因观六度万行、恒沙法门,具有无量称性快乐,但众生不习不修,反妄造诸般罪业,故立此誓。这是依道谛发心的。[三]誓成正觉句,即是佛道无上誓愿成。因观诸佛已灭烦恼,得解脱乐,但众生不觉不知,反妄受诸般苦楚,故立此誓。这是依灭谛发心的。[四]誓度众生句,即是众生无边誓愿度。因观众生,被生、老、病、死所逼迫,受大苦恼,故立此誓,这是依苦谛发心的。

(四)求生净土　由上心愿并发,惑业双消,那么三昧可成,九莲易往。故要之以求生净土。如果欠了这一着,便难免轮回。

(甲)求佛护念

阿弥陀佛以慈悲愿力,当证知我,当哀愍我,当加被我。[一]愿禅观之中,梦寐之际,得见阿弥陀佛金色之身,得历阿弥陀佛宝严之土,得蒙阿弥陀佛甘露灌顶,光明照身,手摩我头,衣覆我体。[二]

　　[一]因佛心是慈悲无量的,故有愿力;因有愿力,故当证知;因证知,故当哀愍;因哀愍,故当加被。〇这四句,是表佛护念的心。[二]次八句,是表佛护念的事。

　　(乙)正发愿

　　(子)现生愿

　　使我宿障自除,善根增长。疾空烦恼,顿破无明。圆觉妙心,廓然开悟。寂光真境,常得现前。

　　那业、惑、苦三种宿障,因得佛的甘露灌顶,故能自除。那戒、定、慧三种善根,因得佛的光明照身,故能增长。烦恼,是指见惑、思惑,能恼乱心神。无明,是指根本惑,不了第一义谛。因得佛的手摩我头,故能疾空顿破。圆觉妙心,是能证的智。寂光真境,是所证的理。因得佛的衣覆我体,故能廓然开悟,常得现前。

(丑)临终愿

至于临欲命终,预知时至,身无一切病苦厄难,心无一切贪恋迷惑,诸根悦豫,正念分明,舍报安祥,如入禅定。阿弥陀佛,与观音、势至,诸圣贤众,放光接引,垂手提携。楼阁、幢幡,异香天乐,西方圣境,昭示目前。令诸众生,见者、闻者,欢喜感叹,发菩提心。

三日、七日前知,称为预知。病苦,是身中四大不调。厄难,是水、火、刀兵、毒药等难。贪恋,即言长年持斋的,竟会临终食肉。或一向念佛的,忽然临终怕死。或因恩爱牵缠,甚至难分难舍。或是许愿保禳,甘心求神服药等。迷惑,即言自疑业障深重,或疑功行浅薄,或疑佛不来迎等。诸根悦豫,是指眼、耳、鼻、舌、身等五根无病无难。正念分明,是指第六意根无贪、无惑。舍报安祥,是舍去这所受的身,不忙不乱。如入禅定,是坐脱、立化。阿弥陀佛以下七句,是明感应道交。令诸众生以下四句,是明见闻利益。

(寅)往生愿

我于尔时,乘金刚台,随从佛后。如弹指顷,生极乐国,七宝池内,胜莲华中。华开见佛,见诸菩萨,闻妙法音,获无生忍。于须臾间,承事诸佛,亲蒙授记。得授记已,三身、四智,五眼、六通,无量百千陀罗尼门,一切功德,皆悉成就。

如弹指顷,是极言往生的快。获无生忍,是了达诸法是本来不生不灭的。三身,指法身、报身、化身。四智,指大圆镜智、平等性智、妙观察智、成所作智。五眼,指肉眼、天眼、慧眼、法眼、佛眼。六通,指天眼通、天耳通、他心通、宿命通、神足通、漏尽通。陀罗尼,译言总持,谓总一切法,持无量义。自承事诸佛句以后,是正明其相。

(五)回入娑婆　但求自利,是名小乘;普愿利他,才称大士。故次之以回入娑婆。如果欠了这一着,便是声闻独善。

然后不违安养，回入娑婆。分身无数，偏十方刹。以不可思议自在神力，种种方便，度脱众生。咸令离染，还得净心，同生西方，入不退地。

　　不违安养，便是法身不动。分身无数，便是化身应现。偏十方刹，可见不止一国。方便度生，是指对悭贪的人，以财施摄；对刚强的人，以爱语摄；对为善的人，以利益摄；对作恶的人，以同事摄。离染，即三惑不起。净心，即三德圆证。不退有三，一是位不退，言终不退为凡夫二乘。二是行不退，言决无退失所修行业。三是念不退，言决无一念忘失错误。又指一入西方，即使在疑城边地，也决不退入三涂的。咸令离染两句，是说现世的利益。同生西方两句，是说后世的利益。

　　如是大愿，世界无尽，众生无尽，业及烦恼，一切无尽，我愿无尽。

　　五句是总结前文。

　　（六）总申回向　由上自他因果，事、理俱圆。故总申回向。如果欠了这一着，便是因果非圆。

愿今礼佛发愿修持功德，回施有情，四恩总报，三有齐资。[一]法界众生，同圆种智。[二]

[一]回向有三种。第一，是回己向他。因众生从无始以来，所修的善业，无非是为自身和眷属打算，今回此心向于众生，把自己所修得的，尽施于他。只愿他人得利，不求自己安乐。这四恩总报、三有齐资，便是第一种回向。[二]第二，是回因向果。因众生自无始以来，只知道求人天的福报，不晓得求出世的圣果。今回此心向于无上菩提，把自己所修得的善业，尽都用来庄严佛果。这法界众生，同圆种智，便是第二种回向。种智，就是佛的智慧。第三，是回事向理。以上两种，都是事相，但理原本在于事中，便是三种回向都具足了。所以不须另立。回事向理，就是将这能修所修、能向所向的心，向于实际，二俱寂灭，没有种种差别的相。又修净业的人，凡有一善，必定要先回向于西方，这心便能转福，直向西方路去，倘不回向，恐防心被福牵，还生三界，不可不知。

跋

　　莲宗十三祖印光大师尝曰,古人欲令举世咸修,故以《阿弥陀经》列为日课,以其言约而义丰,行简而效速,宏法大士,注疏赞扬,自古及今,多不胜举,于中求其至广大精微者,莫过于莲池之《疏钞》,极直捷要妙者,莫过于满益之《要解》。今黄涵之老居士,即根据二公之疏解,以浅近白话演出之,俾稍知文字者,亦能了解净土之奥义,由深信而切愿,由切愿而力行,其有功于修持净业者,岂浅鲜哉。为便利华侨阅读计,拟将黄涵老所著白话各经解,翻印流通,函恳灵岩德森大师,托人校订句读。德公即以此事见委,净通虽学识疏浅,然亦义不容辞。查黄涵老白话解释已出版者,有《阿弥陀经》、《观无量寿佛经》、《普贤行愿品》、《心经》、《了凡四训》等数种。

《无量寿经》，尚在注释中。兹净通已将《弥陀经白话解释》一种，先行参订完成，觉其中一字一句，皆有真正之来历，与详确之说明，不特为初机学佛之至宝，即久修净业者，阅之亦大可增长信乐之心，果能广事流通，诚有不可思议之功德焉。

佛历二千五百年弥陀圣诞三宝弟子海临李净通识于上海闻性庐时年七十有九